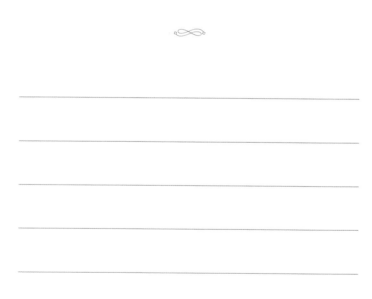

오늘도 충분히 좋은 부모입니다

하루 10분, 명화가 건네는 부모 감정 회복 질문노트

초 판 1쇄 2025년 05월 28일

지은이 두유진
펴낸이 류종렬

펴낸곳 미다스북스
본부장 임종익
편집장 이다경, 김가영
디자인 윤가희, 임인영
책임진행 김요섭, 이예나, 안채원, 김은진, 장민주

등록 2001년 3월 21일 제2001-000040호
주소 서울시 마포구 양화로 133 서교타워 711호
전화 02) 322-7802~3
팩스 02) 6007-1845
블로그 http://blog.naver.com/midasbooks
전자주소 midasbooks@hanmail.net
페이스북 https://www.facebook.com/midasbooks425
인스타그램 https://www.instagram.com/midasbooks

ⓒ 두유진, 미다스북스 2025, *Printed in Korea.*

ISBN 979-11-7355-246-5 03190

값 19,800원

미다스북스는 다음세대에게 필요한 지혜와 교양을 생각합니다.

오늘도 충분히 좋은 부모입니다

하루 10분, 명화가 건네는 부모 감정 회복 질문노트

두유진 지음

미다스북스

차례

PART I 명화에서 발견한 내 안의 불안과 두려움

완벽하지 않아도 충분한 우리

질문 노트 무표정 속에 담긴 부모 마음을 위한 10가지 질문
감정 미술 놀이 표정 속 마음 그려보기

가끔은, 아무도 나를 찾지 않기를
도망이 아니라, 회복입니다

질문 노트 혼자만의 공간이 필요한 당신을 위한 10가지 질문
감정 미술 놀이 혼자 있어도 괜찮은 풍경

아이에게 가장 필요한 건 '정답'이 아니었다
정답보다 중요한 것은 결국 마음입니다

질문 노트 정답보다 소중한 부모 마음을 위한 10가지 질문
감정 미술 놀이 귀 기울이기 연습장

PART II 명화 앞에서 나를 있는 그대로 받아들이다

나도 부모가 처음이에요
서툴지만 진심입니다

질문 노트 세상에서 가장 큰 사랑, 조용한 손길을 위한 10가지 질문
감정 미술 놀이 손으로 전하는 마음 목욕

PART IV 아이와 함께 그려가는 가장 아름다운 명화

추 천 사

『오늘도 충분히 좋은 부모입니다』는 '부모'라는 이름 아래 묵묵히 감정을 눌러온 이들에게 깊은 공감과 조용한 위로를 건네는 책입니다. 매일 같이 반복되는 육아와 삶의 무게 속에서 자신의 감정을 뒤로 미뤄두고 살아가는 부모들, '나는 괜찮아'라며 애써 웃지만, 사실은 마음 한구석이 자주 아리고, 가끔은 자신이 누구였는지도 잊어버린 듯한 이들에게 이 책은 조심스럽게 손을 내밉니다.

책 속에는 위대한 미술 작품들과 함께 따뜻하고 섬세한 질문이 실려 있습니다. 그림을 바라보며 마음의 결을 들여다보고, 짧은 글을 따라가다 보면 잊고 있던 감정이 서서히 떠오릅니다. 그리고 이어지는 감정 놀이를 통해 그 감정을 색과 형태로 표현하고, 다시 자신에게 다정한 말을 건네는 연습을 하게 됩니다. 이 책은 단순한 육아서가 아닙니다. 부모가 아이를 이해하기 위해 읽는 책이기도 하지만, 더 깊은 차원에서는 '부모 자신'을 이해하기 위한 책입니다.

한 사람의 내면으로 향하는 예술과 치유의 길잡이이자, 지친 하루 끝에 조용히 펼쳐볼 수 있는 감정의 거울입니다. 또한, 책 속에 담긴 활동들은 어린 자녀를 둔 부모뿐 아니라 이미 자녀가 성장한 이들, 혹은 스스로 돌보고 싶은 모든 성인 독자에게도 유익합니다.

누군가에게 설명하기 어려운 마음, 말로는 닿지 않는 감정들을 그림과 색으로 꺼내어 바라보고, 그 마음을 가만히 어루만질 수 있도록 도와줍니다.

『오늘도 충분히 좋은 부모입니다』는 마음을 정리하고, 나를 회복하고, 조금 더 따뜻한 눈으로 나와 가족을 바라보게 하는 책입니다. 삶의 바쁜 흐름 속에서 잠시 멈춰 '나는 어떤 마음으로 하루를 살아내고 있는가.'라고 되묻고 싶은 이들, 지금 이 자리에서 충분히 잘 해내고 있다는 그 조용한 격려가 필요한 모든 이들에게 이 책은 깊고 다정한 쉼을 선물할 것입니다.

심민영(국립정신건강센터 국가트라우마센터장 정신건강의학과 전문의)

이 책은 작가가 교사로 재직하면서 경험했던 교육에 대한 철학, 그리고 육아와 함께 미술 작품 활동을 병행하면서 느껴왔던 부모로서의 감정을 토대로 스스로 위로하고 치유하는 과정과 그에 대한 해답을 찾아가는 여정을 섬세하게 풀어낸 글입니다.

우리가 누구의 딸, 아들로 불리던 개인으로서의 존재가 희미했던 과거에 대한 성찰을 바탕으로, 부모가 자녀와 함께 자아를 찾아가는 여정, 즉 서로에게 누군가의 내가 아닌 독립적인 존재로서의 '나'로서 살아가기 위한 치유와 회복의 과정을 담고 있습니다.

그림을 그리며 그림 속에서 삶의 자아를 발견하고, 작가가 그려낸 작품과 명화를 예시하면서 감정을 나누고 치유해 나가는 여정을 담고 있는데, 작가가 꾸준하게 미술 작품 활동을 해 왔음에 기인하여 그림 속에 담겨 있는 부모와 자녀의 숨겨진 마음을 찾아내어 해석하는 미술 심리학적인 분석력이 돋보이는 내용입니다.

책을 읽으면서, 작가가 독자들에게 전하고자 하는 따뜻한 마음과 상처를 쓰다듬어 주는 섬세한 감정에서 문득 '뭉클함'이 저며 오는 반성과 회한, 그리고 모든 부모들에게 완벽하지 않아도 충분히 괜찮은 부모로 살아가고 있다는 용기와 위로를 읽을 수 있습니다.

생텍쥐페리의 〈어린 왕자〉가 어른들의 동화로 읽히듯, 이 책이 동시대를 살아가는 감정에 서툴고 지친 부모들에게 위로와 치유의 지침으로 읽히기 바랍니다.

유송(서양화가, 청담아름다운화실 대표)

두유진

<그저 곁에 있어 준 너에게>

가장 든든한 위로가 되다

Prologue

두유진(D.Eugene) <presence>

어느 해 질 녘, 따스한 햇살이 대지를 감싸 안던 그 순간, 어미 사자와 새끼 사자가 나란히 앉아 같은 방향을 바라보고 있습니다. 새끼는 앞발을 조심스레 어미의 어깨 위에 얹었고, 어미는 그런 아이의 체온을 고스란히 느끼며 묵묵히 세상을 응시하고 있습니다. 두 생명체는 아무 말도 없었지만, 그 침묵 속엔 말보다 깊은 교감이 흐릅니다. 나는 이 순간을, 부모와 자식이라는 관계가 지닌 '말 없는 약속'으로 말하고 싶습니다.

이 작품은 단지 야생 동물의 일상을 담은 풍경이 아닙니다. 그것은 삶을 함께 살아가는 존재들 간의 동행, 서로를 닮아가며 배워가는 성장의 시간, 그리고 그 모든 여정 속에서 주고받는 사랑과 믿음에 관한 이야기입니다.

나는 '부모'라는 단어에 무게보다 온기를 담고 싶었습니다. 완벽해서가 아니라, 그저 매일 함께 살아가려 애쓰는 존재. 아이를 품고 지켜 주는 존재이기도 하지만, 때로는 아이에게 기대고 위로받는 존재이기도 한 부모의 모습을 그려보고 싶었습니다. 그렇게 이 그림 속 어미 사자는 아이의 든든한 보호자이자, 동시에 아이에게서 삶의 의미를 배우는 존재로 그려졌습니다.

그림의 배경은 일몰 직전, 햇살이 가장 따스하게 번지는 '마법의 시간'을 선택했습니다. 이때의 빛은 하루의 끝과 새로운 시작을 동시에 품고 있어, 부모와 아이가 함께 살아가는 '지금, 이 순간'과 닮았습니다. 어쩌면 우리는 늘 그 순간 속에 서 있는지도 모릅니다. 실수도 있고, 감정의 골도 있지만, 그럼에도 불구하고 하루를 함께 버텨내는 모든 시간이 모여 결국 우리를 성장하게 만듭니다.

특히 새끼 사자의 앞발이 어미의 어깨를 툭 감싸는 장면은, 나에게 있어 '사랑의 동의어'입니다. 이 작은 몸짓에는 의지, 신뢰, 그리고 말로는 다 설명할 수 없는 애정이 담겨 있습니다. 어미는 그런 아이의 손길을 느끼며, 오늘도 자신이 충분히 좋은 부모임을 확인합니다. 아이 역시 그런 어미의 품 안에서 자라나며, 세상은 믿을 만한 곳이라는 감각을 배워갑니다.

이 그림을 바라보는 여러분도 각자의 삶에서 그런 장면들을 떠올릴 수 있기를 바랍니다. 부모와 아이, 선생님과 제자, 친구와 친구, 인생의 동반자들. 관계 속에서 우리는 언제나 서로의 거울이 되고, 때로는 지지대가 되며 살아갑니다.

<그저 곁에 있어 준 너에게>라는 제목처럼, 이 그림이 누군가에게는 지나간 어느 따뜻한 기억을, 또 누군가에게는 지금 곁에 있는 소중한 사람을 다시 떠올리는 계기가 되었으면 합니다. 그리고 그 기억이 삶을 조금 더 다정하게 바라보는 힘이 되길 바랍니다.

삶은 길고 복잡하지만, 아주 작은 순간들이 그 삶을 빛나게 만듭니다. 이 그림이 그 '작은 순간' 중 하나가 되길 바랍니다.

2025.5. 두유진

부모라는 이름으로 다시 태어난 나에게

아이보다 나 자신이 더 낯설게 느껴졌던 날이었다.

그날, 나는 처음으로 '엄마가 된다는 건 무엇일까?'라는 질문을 품었다.

처음 아이를 품에 안았을 때 나는 마치 세상의 경계를 넘은 사람처럼 느껴졌다. 새로운 생명을 안고 있다는 감동은 분명 컸지만, 한편으론 너무나도 막막했다. 나는 이제 이미 한 사람의 엄마였고, 나 자신이기도 했다. 그런데 그날부터 나는 '엄마'라는 또 다른 이름으로 살아야 했다. 그건 단지 이름 하나가 더해진 문제가 아니었다. 내 모든 감정, 사고, 선택이 바뀌는, 그야말로 새로운 존재로 다시 태어나는 일이었다. '엄마가 된 나'와 '이전의 나' 사이에서 나는 수없이 흔들렸다. 몸은 아이를 향해 있었지만, 마음은 종종 길을 잃었다. 밤마다 잠든 아이 옆에서 나는 질문을 속삭였다.

'나는 괜찮은 엄마일까?'

'나는 아이에게 충분한 존재일까?'

'나는 나를 잃지 않고 이 여정을 계속할 수 있을까?'

육아는 매일의 감정 훈련이었다. 작은 울음소리에 마음이 휘청였고, 아이가 잠든 틈에 마시는 커피 한 잔에 울컥하기도 했다. 사소한 질문 하나에, 아이의 표정 하나에 마음의 결이 깊게 흔들렸다. 그 모든 날이 나를 가르쳤다. 사랑이란,

기꺼이 자신을 내어주는 일이기도 하고 감정을 조절하며 누군가를 기다려주는 인내이기도 하다는 것을 그리고 가장 중요한 것은 사랑은 완벽해서 가능한 것이 아니라 지금의 나로도 충분하다는 믿음에서 시작된다는 것을. 그 믿음을 회복해준 건, 아이도, 책도, 지식도 아닌 우연히 마주한 그림 한 장이었다.

우연히 책 속에서 마주한 명화 한 점이 특별한 설명도 없고, 화려한 색채도 아니었지만 그림 속 어머니의 표정에서 나는 내 감정을 보았다. 사랑이 가득했지만, 동시에 지쳐 있었고 불안했지만, 묵묵하게 견디고 있었으며 지금 여기 있는 모든 것이 기적임을 아는 듯한 눈빛이었다.

베르트 모리조

<요람>

베르트 모리조(Berthe Morisot) <요람>

그림 속 인물은 나였다. 말없이 모든 감정을 담고 있는 눈동자. 기꺼이 다 내어 주면서도, 어쩌면 너무 외로운 순간을 견디고 있는 모습. 그림 앞에서 나는 소리 없이 울었다. 오랜만에 '나'를 보았기 때문이었다. 아이가 아닌 나 자신을. 그날 이후 나는 자주 그림을 찾았다. 명화는 설명하지 않지만, 늘 말을 건넨다. 말보다 더 깊고, 더 정직한 언어로 그림을 통해 나는 다시 질문했다.

'나는 어떤 부모가 되고 싶은가?'
'나는 어떤 감정을 억누르고 있었는가?'
'나는 지금 어떤 눈빛으로 아이를 바라보고 있는가?'

그림은 내게 말하지 않았다. 하지만 내 마음은 알아차렸다. 그림 앞에 서면, 감정은 감춰지지 않는다. 불안도, 기대도, 회한도, 사랑도 모두 조용히 떠오른다. 육아는 겉으로 드러나는 장면보다, 말없이 흘러가는 수많은 감정과 고요한 마음들로 채워져 있다.

이 책을 낸다고 했을 때, 가까운 지인은 농담처럼 말했다. "누가 보면 너 정말 힘들게 육아한 줄 알겠다."라는 말에 난 웃었지만, 마음 한쪽이 서늘해지고 서운함이 스쳐 갔다. 하지만 매일을 버텨낸 그 깊은 지침과 말없이 삼킨 수많은 감정들을 누구도 알 수 없다. 어느 날 문득, 나처럼 조용히 무너진 누군가가 이 문장들을 만나길 바란다. 당신은 이미 충분히 잘하고 있다고, 좌절하지 않아도 된다고, 그렇게 다정하게 안아주고 싶다.

나는 부모로서 완벽하지 않다. 그렇기에 더 자주 내 감정을 들여다봐야 했다. 아이의 마음을 이해하기 위해 먼저 내 마음을 읽는 법을 배워야 했다. 이 책은 그런 과정의 기록이다. 명화를 통해 나를 돌아보고, 명화를 통해 부모의 감정을 다시 이해하는 여정. 이 책은 정답을 말하지 않는다. 단지 질문을 함께 꺼내고, 그림과 함께 그 질문을 곱씹고 자신의 마음과 눈을 맞추게 해줄 뿐이다.

이 책의 시작은 그림이었다. 하지만 진짜 이야기는 바로 당신의 마음이다. 지금 이 책을 펼친 당신도 어쩌면 수많은 질문 사이에서 길을 잃고 있었을 것이다. 아이를 향한 사랑만큼 나 자신도 사랑하고 싶은 마음. 다 주고 나면 공허해지는 밤. 모두가 잘하고 있는 것처럼 보여서 더 외롭고 더 작아지는 마음. 그 모든 감정을 나는 안다. 왜냐하면, 나도 그 길을 걸었고 지금도 그 길 위에 서 있으니까.

나는 이 책이 당신에게 그림 같은 휴식이 되기를 바란다. 짧은 문장이 당신의 긴 하루를 감싸주고, 한 장의 그림이 당신의 감정을 말 대신 전해주기를.
당신이 이 책을 덮을 때 '나는 혼자가 아니구나.'라는 안도와 '나는 지금도 매우 괜찮다.'라는 위로가 가슴에 잔잔히 남아 있기를.

이 여정의 시작은 하나의 질문이었다. 그리고 이제 당신과 함께 그 질문을 이어가고자 한다.

'나는 어떤 부모이고 싶은가.'
'나는 오늘 나에게 어떤 말을 건넸는가.'
'나는 나를, 아이를, 충분히 안아주고 있는가.'

이제, 그림을 펼치자.
그리고 그 그림 속에서 당신의 마음을 마주하자.

"완벽한 하루가 아니라
견디며 살아낸 평범한 날들이
나를 지켜 주었다."

– 두유진 D. Eugene

명화에서 발견한 내 안의 불안과 두려움

에드바르 뭉크

<절규>

부모의 두려움을 보다

에드바르 뭉크(Edward Munch) <The Scream>

부모의 절규는 소리 나지 않는다

노르웨이의 차가운 바람이 불던 어느 날, 에드바르 뭉크는 친구와 함께 다리를 걷고 있었다. 그 순간, 갑작스레 하늘은 피처럼 붉게 물들었고, 땅이 흔들리는 듯한 기이한 공포가 그의 온몸을 휘감았다. 그는 자신의 일기에 이렇게 썼다. "하늘을 가로지르는 거대한 절규를 들었다." 그 절규는 단지 그의 귀에만 들린 것이 아니었다. 그의 마음, 그의 영혼, 그리고 세상을 향한 무언가 깊은 곳에서 터져 나오는 비명이었다. 그렇게 탄생한 그림이 바로 우리가 알고 있는 <절규>다. 붉게 물든 하늘 아래, 검고 무거운 선들로 일그러진 배경 속에서, 한 인물이 귀를 틀어막은 채 공허한 입을 벌리고 있다. 그 얼굴은 인간의 가장 깊고 원초적인 감정, 두려움, 외로움, 절망을 형상화한 듯하다. 그 무성한 비명 앞에 우리는 자주 멈춰 선다. 무엇이 그토록 고통스러웠을까? 어떤 외로움이 그를 그렇게 만든 걸까? 나는 이 그림을 볼 때마다 한 사람을 떠올린다. 아이를 키우는 세상의 모든 어머니의 얼굴이다.

숨을 참고 하루를 견디는 사람들
소리 없이 마음속으로 울부짖는 이들
세상이 무심히 흘러가는 와중에도 매일을 살아내는 사람들

뭉크의 절규, 부모의 절규, 뭉크는 삶의 대부분을 불안과 상실 속에서 보냈다. 아홉 살에 어머니를, 열다섯 살엔 누이를 병으로 잃었고, 그의 가족 절반은 병약했다. 어린 시절부터 죽음은 그에게 일상처럼 가까이 있었다. 그는 이렇게 말하곤 했다.

"병과 광기와 죽음은 내 요람을 지켜본 검은 천사였다."

그의 정신 역시 평생 불안정했다. 그는 언제나 삶의 경계에서, 죽음과 고통, 외로움과 불안을 그렸다. 그의 그림은 아름다움을 향하지 않는다. 생과 사, 불안과 고립, 죄책감, 상실, 인간 존재의 어두운 감정들을 굵고 거친 색채로 드러낸다. 하지만 그의 그림 앞에서 우리는 쉽게 등을 돌릴 수 없다. 왜일까? 그 속의 고통이 너무도 인간적이기 때문이다. 우리가 꾹꾹 눌러온 감정, 말로 꺼내지 못했던 마음들이 그 그림 안에서 고개를 든다. <절규>는 단지 예술가의 외침이 아니다. 그것은 보는 이로 하여금 '나도 그래.'라고 말하게 만드는, 내면의 깊은 울림이다. 그림 속 인물은 귀를 틀어막고 있다. 나는 종종 그 장면을 이렇게 상상하곤 한다.

'세상이 너무 시끄러워서가 아니라, 내 안의 목소리가 너무 커서.'

육아 속의 조용한 절규다. 아이를 키우는 부모의 하루는 조용하지 않다. 해야할 일들은 쉴 새 없이 이어지고, 아이의 울음소리, 질문, 요구, 감정 표현 속에 자신은 점점 사라져간다. 그러면서도 정작 내 마음속 불안과 고통은 누구도 알아차려주지 않는다. 그래서 우리는 어쩌면, 아무에게도 들리지 않는 비명을 스스로 가슴속에 지르며 살아가는지도 모른다.

"오늘도 소리를 지르고 말았어요."
"나는 왜 이렇게 여유가 없을까요."
"아이보다 내가 더 미운 날이에요."

나는 이런 고백들을 수없이 들어왔다.

그리고 알고 있다. 그 말들이 단순한 푸념이 아니라는 걸.
그 속에는 아이를 향한 깊은 사랑, 부모로서의 죄책감, 삶에 짓눌린 외로움
그리고 도와달라는 조용한 절규가 함께 들어 있다는 걸.

부모의 '절규'는 대개 소리 나지 않는다. 그러나 그 고통은 그림 속 인물만큼이나 선명하고, 절실하다. 그리고 무엇보다, 그 절규는 사랑에서 비롯된 것이다. 불안하고 초조하고, 지쳤다고 느끼는 오늘의 당신이 오히려 그만큼 아이를 아끼고 있다는 증거라는 걸.

'나는 좋은 부모일까?'라는 질문 속에 숨은 두려움

감정을 마주하고, 치유 받을 수 있는 권리. 나는 그 사실을 잊지 않으려 한다. 뭉크는 자신의 고통을 숨기지 않고 캔버스 위에 드러냈다. 그는 두려움과 광기를 그대로 그렸다. 그림은 그의 고백이자, 치유의 시작이었다. 그처럼 우리 역시 감정의 날것을 숨기지 않아도 된다. 때론 절규도 필요하다. '나는 괜찮지 않다.'라고 말할 수 있어야 한다. '이 상황이 너무 벅차다.'라고 털어놓을 수 있어야 한다. 그 절규를 누군가 들어주고, 이해해 준다면 우리는 더 이상 혼자가 아니라는 걸 알게 된다. 육아는 누구도 완벽하게 해낼 수 없는 여정이다. 넘어지기도 하고, 후회하기도 하고, 울기도 한다. 그러나 그 모든 감정은 당신이 부모로서 충분히 잘하고 있다는 증거이기도 하다.

나는 종종 그림 앞에 선다. 특히 감정적으로 힘든 날, 뭉크의 <절규> 앞에 선다. 그리고 말한다. "나도 그래요. 나도 그렇게 힘들어요." 그 순간, 그림 속 인물이 더 이상 '예술가의 창조물'이 아니다. 그는 나이며, 당신이며, 오늘도 고군분투하고 있는 모든 부모다. 그리고 그런 우리에게 뭉크는 말하는 듯하다.

"당신의 슬픔과 외로움은, 이 세상에 오롯이 존재할 가치가 있습니다."
숨기지 않아도 괜찮다고, 울어도 된다고, 잠시 멈춰도, 비명을 질러도 괜찮다고.

예술은 때로 말보다 큰 위로를 준다. 그리고 <절규>는 우리에게 속삭인다.
"당신이 느끼는 그 감정들, 당신만 그런 게 아니에요. 그리고 그 마음은 사랑에서 비롯된 것이니까, 절대로 부끄러워하지 마세요."라고.

오늘도 아이를 돌보며 마음 한편이 허전하고, 지쳐 있는 당신
무언가 말할 수 없는 감정을 안고 잠든 당신
당신이 느끼는 모든 감정은 존중받아야 마땅한 소중한 마음입니다.

내 안의 소리를 들어주는 사람이 있다는 것만으로도, 절규는 덜 외로워집니다. 그리고 그 마음을 안고 살아가는 당신은 이미 충분히 좋은 부모입니다.

꾹 눌러온 부모 마음을 위한 10가지 질문

Q1   오늘, 나는 몇 번이나 내 감정을 꾹 눌러 담은 채 '괜찮다.'라고 말했나요?

_____

_____

Q2   요즘 내 안에서 가장 자주 고개를 드는 감정은 무엇인가요? 외로움, 초조
함 아니면 죄책감인가요?

_____

_____

Q3   누군가에게 말하지 못한 내 속마음을 지금 떠올려 본다면, 어떤 말부터
꺼내고 싶은가요?

_____

_____

Q4   오늘 내가 흘리지 못한 눈물은 무엇 때문이었나요?

_____

_____

Q5   나는 내 감정을 있는 그대로 누군가에게 이야기해 본 적이 있나요? 그게
마지막으로 언제였는지 기억나시나요?

_____

_____

Q6 '나만 이럴까?'라는 생각이 들어 외로웠던 적이 있다면, 그건 어떤 상황이었나요?

_____

_____

Q7 오늘 내가 가장 크게 들은 '내 안의 소리'는 어떤 말이었나요?

_____

_____

Q8 나 스스로에게 가장 자주 하는 말은 무엇인가요? '더 잘해야 해.'인가요, 아니면 '이 정도면 괜찮아.'인가요?

_____

_____

Q9 내 아이가 나를 바라볼 때 느껴지는 감정 중, 내가 가장 숨기고 싶은 감정은 어떤 건가요?

_____

_____

Q10 오늘 하루 끝에, 내 마음을 다정하게 안아주는 한마디를 해준다면, 그건 어떤 말이어야 할까요?

_____

_____

마음의 색으로 그려보기

〈절규〉 아이와 함께하는 감정 미술 놀이

아이와 함께 마음을 나누는 좋은 출발점

준비물) 색연필, 수채물감, 도화지, 감정 스티커나 감정 카드(있다면)

- -

STEP 1 질문 나누기

앞서 작성하신 10가지 질문 중, 하루에 한 가지씩 아이와 함께 골라 이야기해 봅니다.

- "오늘 엄마는 몇 번이나 '괜찮다.'라고 말했을까?"
- "우리 아이는 오늘 무슨 감정을 많이 느꼈을까?"
- "오늘 기분 어땠어?"
- "마음속에 무슨 색이 제일 많았어?"

STEP 2 감정 색 고르기

아이와 함께 도화지에 오늘의 감정을 '색'으로 표현해 봅니다.

- "엄마는 오늘 슬퍼서 파란색을 많이 쓰고 싶어."
- "너는 오늘 기분이 어땠어? 그 기분은 무슨 색 같아?"

감정 단어에 따라 색을 연결해 보는 것이 중요한 사항입니다.
(예: 분홍 - 사랑, 파랑 - 슬픔, 빨강 - 화남, 회색 - 지침, 노랑 - 기쁨)

마음 풍경 그리기

도화지에 감정 색을 사용해 오늘의 내 마음을 표현합니다. 형태가 없어도 좋아요. 색이 번지도록 물을 묻혀도 좋고, 선만 그려도 좋습니다. 부모와 아이가 함께 각자의 도화지에 그리고, 끝나면 서로의 그림을 보며 이렇게 말해줘요.

- "이 색은 네 기분 같아 보여서 엄마 마음이 움직였어."
- "엄마도 오늘 이런 기분이었어."
- "우리가 서로 기분을 알 수 있어서 좋아."

STEP 4 따뜻한 한마디 남기기

그림 아래 혹은 그림 옆에, 오늘을 마무리하는 자기 자신에게 보내는 따뜻한 한마디를 적습니다.

- "오늘도 잘 견뎌냈어. 너 정말 멋져."
- "마음이 울적했지만, 나는 내 마음을 알아봐 줬어."
- "오늘 우리, 충분히 잘했어."

놀이로 엮는 부모와 아이의 성장 일기

이 놀이는 감정을 억누르거나 참아내는 대신, 색과 말, 그리고 작은 놀이 활동을 통해 자연스럽게 마음을 표현하고 나누는 방법을 알려줍니다. 아이와 함께 그림을 그리고, 색을 고르고, 작은 질문에 답하며 스스로 마음을 들여다보는 시간. 이 과정에서 부모와 아이는 서로의 마음을 '보는' 연습을 하게 됩니다.

'왜 울었어?', '왜 화났어?'라고 다그치듯 묻기보다, '지금 네 마음의 색깔은 어떤 색이야?', '그 마음을 하나의 모양으로 표현할까?'라는 부드러운 질문과 놀이가 아이의 마음 문을 열어줍니다. 여기서 미술은 특별한 기술을 배우거나 결과물을 잘 만들어내는 일이 아닙니다. 그림은 우리 마음을 표현하는 또 하나의 언어이며 놀이 속에서 자연스럽게 내 안의 감정과 만나는 다리가 됩니다. 감정이 단순히 좋고 나쁨으로 나뉘는 것이 아니라 모든 감정이 이해받고 말해질 수 있다는 경험은 아이의 정서적 안정감과 자존감을 키워줍니다. 부모 역시 아이의 마음을 해석하거나 가르치려 하기보다 함께 느끼고 공감하는 '감정 동반자'가 되어갑니다. 이 작은 놀이들은 특별하지 않아도 충분합니다.

종이에 선을 그어보기, 색을 골라보기, 마음에 대해 질문하기, 그 안에서 우리는 조금씩 서로를 이해하고, 스스로 돌보는 힘을 키워갑니다. 그리고 그 하루하루가, 부모와 아이가 함께 써 내려가는 성장 일기가 됩니다.

"사랑은 완벽함이 아니라
계속 머물러 있으려는 의지에서 시작된다."

– 헨리 나우웬 *Henri Nouwen*

메리 카사트

<소파 위의 소녀>

부모의 수고로움을 보다

메리 카사트(Mary Cassatt) <Little Girl in a Blue Armchair>

사랑하지만 왜 이렇게 힘들까요?

며칠 전, 한 엄마의 이야기를 들었다.

"아이를 안고 재운 뒤, 겨우 소파에 앉았어요. 딱 5분만 눈을 감고 있으려 했는데 바로 다시 일어나게 되더라고요. 주방에 설거짓거리가 쌓여 있었고, 아이 내일 도시락 생각도 나고. 그 5분조차, 마음이 불안해서 온전히 누릴 수 없었어요."

그 이야기를 듣는 순간, 문득 한 그림이 떠올랐다. 메리 카사트의 작품 <소파 위의 소녀>이다. 메리 카사트는 19세기 말, 인상주의 화가들 사이에서도 드물게 활동한 여성 화가였다. 그녀는 '여성과 아이의 일상'을 가장 많이 그려낸 화가이기도 하다. 그녀가 활동하던 시대는 지금보다 훨씬 더 여성의 사회적 권리가 제한되었고, 모성과 헌신은 당연하게 여겨지던 때였다. 그녀는 그 속에서 조용히, 그러나 단단하게 여성의 삶과 보이지 않는 사랑의 순간들을 화폭에 담아냈다. <소파 위의 소녀>도 그런 연장선에 있는 작품이다.

표면적으로는 아이의 휴식 장면 같지만, 그 너머에는 어른의 고요한 헌신과 지침이 겹겹이 숨어 있다. 카사트는 종종 엄마의 존재를 직접적으로 그리지 않았다. 오히려 그 부재 속에서 그들의 수고와 정서를 더욱 절절히 드러냈다. 그녀의 그림은 부드러운 색채를 사용하면서도 그 안에는 감정의 단단한 힘이 담겨 있다. 이상화되지 않은 표정, 조용한 고립감, 내밀한 감정 그 속엔 우리가 미처 말하지 못한 감정이 고스란히 담겨 있다. 그래서 우리는 <소파 위의 소녀>를 바라보며 아이의 모습을 보는 동시에 그 아이를 지키는 어른의 마음을 함께 느끼게 된다.

조용한 오후, 하얀 소파에 살짝 기댄 한 소녀가 멍하니 어딘가를 바라보고 있다. 그 나른한 눈빛, 무심히 흘러내린 치맛자락, 입술 끝에 걸린 심드렁함이 인상적인 그림이다. 지루함과 평온이 뒤섞인 그 표정은 이상하리만치 담담하다. 아이의 그 고요한 모습 앞에서, 나는 이내 떠올렸다. 그 아이를 지켜보는 '어른'의 마음은 과연 평온했을까?

우리는 자주 아이의 시간을 바라본다. 잘 자는지, 잘 노는지, 친구들과는 잘 지내는지. 그런데 정작 아이를 지키는 어른의 시간은 얼마나 들여다보았을까? 아이를 안고 재운 후, 조심스레 소파에 몸을 내리는 그 순간 그건 휴식이 아니라, 잠깐의 숨 고르기다. 딱 5분이라도 쉬고 싶지만, 마음은 여전히 분주하다. 조용한 거실 안에서도 생각은 쉴 없이 움직인다. '아, 그 장난감 정리 안 했지. 아, 내일은 빨래도 돌려야 하고…' 앉아 있지만, 진짜 앉은 것은 아니다. 몸은 겨우 멈췄지만, 마음은 여전히 달리고 있다.

사랑은 분명 기쁨이지만, 어느 날엔 너무도 버거운 무게로 다가온다.
'왜 이렇게 힘들까?' 그 질문이 하루에 몇 번이나 마음속에서 울린다. 그리고 그 질문이 들릴 때마다, 우리는 어쩐지 죄책감을 느낀다.

'내가 힘들다고 느끼는 건, 내가 덜 사랑해서일까?'
'나는 좋은 부모가 아닌 걸까?'

육아는 종종 '사랑하기 때문에 힘든 일'이 된다. 아이가 울지 않게, 다치지 않게, 외롭지 않게, 속상하지 않게 하루에도 수십 번씩 마음을 움직인다. 그만큼 내 마음은 지치고, 상처받고, 고요히 무너진다. 아이의 낮잠을 바라보며, 평온함을 느끼는 순간, 그 순간에도 어딘가 가슴이 저릿하다.

'내가 이토록 사랑하고 있는데, 왜 나는 점점 텅 비어가는 걸까.'
사랑은 나를 채우는 일이라고 믿었는데 아이를 향한 내 마음은 매일 조용히 빠져나가고 있었다. 그리고 나는, 자꾸만 나를 잃어버리는 기분이 들었다.

육아는 왜 이렇게 나를 지치게 할까?

육아는 보이는 것보다, 보이지 않는 마음으로 가득 차 있다. 사랑하면서 지치고, 행복하면서도 눈물이 나며, 포기하지 않으려 애쓰지만 가끔은 도망치고 싶은 순간이 있다. 그건 당신이 잘못해서가 아니다. 그만큼 당신이 진심이기 때문이다.

어떤 날은 아이의 울음이 지뢰처럼 느껴지고, 잘 자던 아이가 새벽에 깨어 울어댈 때면, 그 작고 연약한 울음에도 마음이 무너진다. 단지 컵 색깔이 마음에 들지 않는다는 이유로 바닥에 드러눕는 아이를 바라보며, '왜 이런 일에 화가 나는 걸까, 왜 나는 이렇게 조급해지는 걸까.' 자신에게 자꾸 질문하게 된다. 아침이면 등원 전쟁이 시작된다. 아이의 '안 가', '안 입어', '안 신어'는 마치 미로처럼 당신을 몰아세운다. 결국 목소리를 높이고, 겨우 집을 나선 후 문이 닫히는 소리에 마음도 함께 철컥 내려앉는다. 그리고 혼잣말처럼 속삭인다.

'왜 그렇게까지 말했을까.'

하지만 그 순간에도, 아이의 하루는 여전히 당신의 품 안에서 시작되고 있다는 사실을 잊지 말아야 한다. 출근 준비로 분주한 아침, 한 손으로 아이의 머리를 묶어주며 다른 손으로는 가방을 챙긴다. 서둘러 싸준 김밥 도시락, 뒤돌아 나오면서도 혹시 숟가락을 빼먹진 않았을까 걱정이 된다. 현관을 나서기 직전, '사랑해'라는 말이 목구멍까지 올라왔지만, 괜히 쑥스러워서 대신 아이의 머리를 한 번 쓰다듬는다. 어설프게 덮어준 이불, 뒤척이며 잠든 아이의 볼에 살짝 얹은 입맞춤, 서툴지만 따뜻했던, 그 짧은 눈빛 하나. 그 모든, 사소해 보이는 순간들이 아이의 하루를 지탱하는 기둥이 되고 있다.

당신이 만든 그 작은 안정감 위에서 아이는 오늘을 살아가고 있다. 그런데도 당신은 자주 스스로에게 묻는다.

'나는 제대로 하는 걸까?'
'나는 왜 이렇게 자주 지치고 힘들까?'
'이렇게 매번 버거운 내가, 이 아이에게 좋은 엄마가 될 수 있을까?'

SNS 속 반듯한 소풍 도시락, 웃는 얼굴의 아이들, 여유로운 엄마들의 모습과 자꾸만 비교하며 마음이 초라해지는 날들. 그러나 바로 그런 당신의 하루하루가 아이에게는 세상에서 가장 포근한 울타리이자 오늘도 살아갈 용기를 건네는 사랑의 증거라는 것을.

브레네 브라운은 말했다.
"지친 마음에도 여전히 사랑을 품을 수 있다는 것, 그게 진짜 강함이다."라고.

그 말처럼, 육아는 단순히 아이를 돌보는 일이 아니라, 지친 몸과 마음으로도 사랑을 지속하는 일이다. 사랑은 때로 나를 고요히 무너뜨린다. 가장 사랑하는 존재 앞에서, 내 인내심과 한계가 매일 같이 시험당하는 순간들. 그 안에서 후회와 자책, 연민과 회복이 쉼 없이 교차한다.

그래도 당신은 다시 일어선다.

아이에게 미안한 마음을 담아 더 부드럽게 말을 건네고, 서툴렀던 어제를 딛고 오늘도 웃으며 이름을 부른다. 그렇게 반복되는 하루 속에서 당신은 사랑을 다시 선택한다. 수저를 몇 번이고 떨어뜨리는 식사 시간, 씻기 싫다고 울고불고 떼쓰는 밤, 그 모든 순간에도 당신은 여전히 아이를 사랑하고 있다. 그러니 제발, 그 질문 앞에서 자신을 먼저 탓하지 말아야 한다.

'왜 이렇게 힘들까?'라는 말속에는 이미 수많은 노력이 담겨 있다. 누군가를 깊이 사랑하는 사람만이, 그 사랑 앞에서 상처받고 무너질 수 있다. 그리고 다시 일어나는 것, 그건 바로 당신이 매일 해내고 있는 일이다. 지겨운 듯 보이는 반복도, 하루하루 겨우 버텨낸 것처럼 느껴지는 날들도 언젠가는 당신 마음속에서 가장 따뜻한 기억이 되어 당신을 위로할 것이다.

조금 지쳐 있을 뿐이다. 그리고 괜찮다. 오늘도 자신에게 이렇게 말해보자.
당신은 이미, 충분히 좋은 부모입니다.

깊은 사랑으로 힘든 당신을 위한 10가지 질문

Q1   오늘 나를 가장 지치게 한 감정은 무엇이었나요?

_____

_____

Q2   '딱 5분만 쉬고 싶다.'라고 느낀 순간, 내 마음은 어떤 말을 하고 있었나요?

_____

_____

Q3   내가 아이에게 가장 많이 해준 말은 무엇이었나요? 그리고 나에게는 어떤 말을 해주었나요?

_____

_____

Q4   아이의 눈빛을 보며, 나는 어떤 감정을 느꼈나요? 그리고 내 눈빛은 어떤가요?

_____

_____

Q5   요즘 자주 드는 '내가 잘하고 있는 걸까?'라는 질문, 그 속에 숨은 진짜 마음은 무엇일까요?

_____

_____

Q6 사랑이 나를 채워주는 게 아니라, 비워내고 있다고 느껴질 때, 나는 무엇으로 다시 나를 채우고 있나요?

_____

_____

Q7 내가 지친 이유는, 충분히 사랑하지 못해서일까요, 아니면 사랑이 너무 커서일까요?

_____

_____

Q8 이렇게 반복되는 일상에서, 내가 가장 소중하게 지키고 싶은 '한 가지'는 무엇인가요?

_____

_____

Q9 아이의 평온한 오후를 만든 '내 시간'은 어떤 모습이었나요?

_____

_____

Q10 육아는 때로 '보이지 않는 나'를 만드는 일입니다. 오늘, 나는 나 자신을 얼마나 인정해 주었나요?

_____

_____

마음 휴식 쿠션 만들기
〈소파 위의 소녀〉 아이와 함께하는 회복 놀이

지금 힘든 건, 내가 사랑하고 있다는 증거야

(준비물) 도화지, 색연필 혹은 크레용, 색종이 또는 천 조각(선택), 풀, 가위

STEP 1 내 마음, 눕고 싶은 쿠션은 어떤 모습일까?

부모와 아이가 각자 상상해 봅니다.

- "오늘 엄마 마음이 누워서 쉴 수 있는 쿠션을 그려보자."
- "포근하고 따뜻하고, 아무 말도 하지 않아도 나를 안아주는 그런 쿠션."

도화지에 내 마음을 쉬게 해주는 쿠션의 색, 모양, 촉감을 자유롭게 그려봅니다. 아이도 자신만의 쿠션을 그릴 수 있어요.

STEP 2 쿠션에 적는 마음의 속삭임

쿠션 안쪽(또는 뒷면)에 오늘 나에게 들려주고 싶은 말을 적어 봐요.

- "오늘도 애썼어. 그 자체로 괜찮아."
- "조금은 무거웠지만, 그건 사랑이었어."
- "쉬어도 괜찮아. 그건 도망이 아니라 회복이야."

아이도 자기가 쉴 수 있는 말 한마디를 스스로 만들어볼 수 있어요.(부모가 먼저 예시를 보여주면 더 쉽게 다가갑니다.)

STEP 3 서로의 쿠션 나눠보기

완성된 그림을 보여주며,

- "이건 오늘 엄마의 마음을 위해 만든 쿠션이야."
- "너도 이런 쿠션이 있으면 좋겠어."

이야기를 나누고 서로의 말속에서 진짜 감정과 응원의 마음을 느껴봅니다.

놀이 속에 숨은 힘

감정을 크게 소리 내어 표현하지 않아도 괜찮습니다. 조용히, 말없이 머무는 그 순간에도 우리는 위로받고, 조금씩 회복할 수 있습니다. 반복되는 일상에서 '감정도 쉬어야 한다.'라는 메시지를 아이와 함께 자연스럽게 나누어 보세요. 이 작은 놀이와 질문의 시간은 부모와 아이, 각자의 마음이 '나를 위한 시간과 공간'을 상상하고, 자신을 돌보는 방법을 배우게 해줍니다.

〈소파 위의 소녀〉 속 아이의 모습처럼, 말없이 조용히 앉아 있는 표정 뒤에는 사실 수많은 감정의 결이 숨어 있습니다. 이 활동은 그 숨은 마음을 부드럽게 꺼내어 따뜻하게 안아주는 놀이입니다. 그리고 기억하세요. 지금 당신이 지치고 힘든 것은 그만큼 사랑하고 있다는 증거입니다.

잘해보려고 애쓰는 그 마음, 포기하지 않고 하루를 살아내는 그 시간, 그것만으로도 이미 충분합니다. 이 그림 앞에서는, 잠시 마음을 내려놓아도 괜찮습니다. 지친 당신 곁에, 이 책이 조용히 함께 서 있을 테니까요.

"부모는 역할이 아니라 사람이에요.
사람이니까 실수하고, 사람이라서
다시 안아줄 수 있는 거예요."

– 알랭 드 보통 *Alain de Botton*

호아킨 소로야

<어머니와 딸>

부모의 지친 어깨를 보다

호아킨 소로야(Joaquín Sorolla) <Madre e hija (Valencia)>

실수 앞에서 움츠러든 나를 위한 위로

며칠 전, 한 엄마가 조심스럽게 털어놓았다.

"요즘은 제가 너무 무표정해서, 아이가 날 무서워하진 않을까 걱정돼요."

그 말은 참 조용했지만, 나는 그 안에 담긴 마음을 바로 알아챘다. '무표정'이라는 말은 단순한 상태가 아니다. 그건 더 이상 웃을 힘조차 없다는 뜻이고, 모든 감정을 눌러 담느라 결국 아무 표정도 남지 않았다는 신호다. 한 아이를 매일 같이 사랑하면서도 정작 그 사랑을 어떻게 표현해야 할지 몰라 속으로만 삼켜버리는 마음이다. 그래서 오히려 사랑하는 중이라는 걸 스스로 잊게 되는 상태. 그 이야기를 듣고 난 뒤, 문득 떠오른 한 그림이 있었다.

햇살 가득한 발렌시아 해변, 모래 위에 펼쳐진 평온한 오후 한때. 하얀 천위에 누운 아이는 잠에 빠져들 듯 엄마에게 몸을 기댄다. 엄마는 살포시 몸을 낮추고, 눈을 감은 아이 곁에 조용히 머문다. 그녀의 얼굴엔 웃음도, 말도 없지만 그늘 한 점 없이 쏟아지는 태양 아래, 그저 아이 곁에 '존재하고 있음'만으로도 모든 사랑이 전해진다.

이 그림은 호아킨 소로야(Joaquín Sorolla)가 그린 <어머니와 딸>. 빛의 화가라 불리는 그는, 강렬한 햇살과 눈부신 하얀색을 통해 삶의 찬란한 순간들을 포착해냈다. 하지만 그 빛은 결코 가볍지 않다. 그 안에는 고단한 하루 끝에 마주한 잠시의 평온, 엄마와 아이 사이에 흐르는 조용한 교감이 숨어 있다. 햇살이 가득한 공간 속 한 아이가 엄마의 품에 폭 안긴 채 숨을 고르고 있다. 막 목욕을 끝낸 듯한 젖은 머리카락, 손으로 눈을 비비며 몸을 기대는 작고 연약한 몸짓, 그리고 그 아이를 안고 있는 엄마는 한 손으로 아이를 감싸 안은 채, 멍하니 먼 곳을 바라보고 있다. 그녀의 얼굴엔 웃음도 없고, 말도 없다.

어딘가 공허하고 지친 눈빛, 그림자는 길게 늘어져 있고 발끝은 물에 젖어 있으며 손끝엔 하루의 피로가 조용히 내려앉아 있다. 그림 속 엄마는 분명히 아이를 안고 있다. 하지만 그녀는 지금 아이만 바라보고 있지는 않다. 몸은 품고 있지만, 마음은 잠시 멀리 다녀오는 중이다. 어쩌면 아주 잠깐 자신을 숨길 수 있는 틈을 찾고 있는 것인지도 모른다. 그 짧은 틈마저 허락되지 않으면 우리는 결국 '무표정'이라는 방어막 안에 머물 수밖에 없으니까.

그 그림 앞에서 나는 수없이 많은 '오늘의 엄마들'을 떠올렸다. 말 안 듣는 아이에게 또다시 소리를 질렀다가 잠든 아이 얼굴을 보고 몰래 눈물을 삼켰다는 엄마. 감정이 북받쳐 화장실로 숨어 들어가 작은 한 칸에서 울고 나서야 다시 아이 앞에 설 수 있었다는 엄마. 아이를 재우고 난 뒤, 거실 불도 켜지 않은 채, 소파에 주저앉아 한참을 멍하니 있었다는 엄마. 그림 속 엄마의 얼굴은 그 모든 마음을 닮아 있었다.

완벽하지 않아도 충분한 우리

하지만 그 안에도 우리는 충분히 사랑하고, 충분히 잘 살아가고 있다. '엄마'라는 말에는 때로 잔인할 만큼의 기대가 담겨 있다. 늘 밝아야 하고, 인내심이 넘쳐야 하며 아이에게 언제나 다정해야 한다는 강박. 하지만 누구나 알다시피 현실의 엄마는 그럴 수 없는 순간들로 가득하다. 미처 감정을 추스를 시간도 없이 울고 떼쓰는 아이를 달래고, 끼니를 챙기고 잠든 아이 옆에서야 겨우 하루를 돌아보게 되는 그 고단하고 반복되는 일상. 그런데도 많은 엄마는 자신에게 이렇게 묻는다.

'나는 좋은 엄마일까?'
'오늘도 아이에게 상처를 준 건 아닐까?'
'내가 너무 지쳐 보여서 아이가 불안해하지는 않을까?'

하지만 나는 묻고 싶다.
무표정한 얼굴로도, 지친 발끝으로도 잠시 혼자 있고 싶다는 마음으로도 우리는 여전히 좋은 부모일 수는 없는 걸까?, 사랑은 꼭 웃는 얼굴로만 표현되어야 할까?, 부드러운 말투와 따뜻한 손길만이 부모의 자격을 증명해 줄 수 있을까?

나는 그렇지 않다고 믿는다. 사랑은 때로는 무거운 눈꺼풀 아래 흐르기도 하고 한숨 속에 아무 말 없는 품 안에서 조용히 전해지기도 한다. 아이를 안고 있는 엄마의 팔 그 위에 놓인 아이의 몸, 서툴지만 서로 감싸고 있는 이 장면은 이렇게 말하고 있는 것만 같다.

'우리는 이렇게도 괜찮아. 완벽하지 않아도 우리는 충분히 괜찮은 가족이야.'
부족했던 하루에도 사랑은 있었다. 지쳐 쓰러진 순간에도 당신은 여전히 품어주고 있었다. 실수한 날에도 아이는 결국 엄마의 품으로 돌아왔다. 그러니 괜찮다. 그 어떤 모습의 당신이라도, 아이에게는 여전히 세상에서 가장 안전한 곳, 가장 따뜻한 '당신의 품'이니까.

프레드 로저스는 말했다.

"당신이 힘들 때조차, 아이는 당신을 사랑한다. 그걸 잊지 마세요."라고.

그 엄마에게도, 나 자신에게도 오늘 이렇게 말해주고 싶다.

우리는 완벽하지 않아도 이미 충분히 좋은 부모입니다.

무표정 속에 담긴 부모 마음을 위한 10가지 질문

Q1   **오늘 하루 중, 내 표정이 가장 굳어 있었던 순간은 언제였나요?**

_____

_____

Q2   **아이에게 미소를 건네지 못했던 이유가 있다면, 그건 무엇 때문이었나요?**

_____

_____

Q3   **최근, 내 감정을 제대로 표현하지 못한 일이 있었나요?**

_____

_____

Q4   **무표정 속에 숨겨 두었던 진짜 마음은 어떤 것이었나요?**

_____

_____

Q5   **아이를 사랑하고 있음에도 그 사랑을 스스로 잊어버린 그것 같은 순간이 있다면, 그건 언제였나요?**

_____

_____

Q6 '나는 좋은 엄마(또는 아빠)일까?'라는 질문이 들었을 때, 그 속에는 어떤 두려움이 있었나요? 내가 꼭 감춰야만 한다고 여긴 감정은 어떤 것이었나요?

_____

_____

Q7 나를 가장 많이 지치게 하는 건 무엇인가요? 그리고 나는 그것에서 나를 어떻게 지켜 주고 있나요?

_____

_____

Q8 실수한 날, 내 아이는 나를 어떻게 바라보았나요? 그 눈빛을 떠올릴 때 어떤 감정이 드나요?

_____

_____

Q9 오늘 나를 위한 가장 작은 위로는 무엇이었나요?

_____

_____

Q10 지금 내 안에 들려주고 싶은 말이 있다면, 그건 어떤 문장인가요?

_____

_____

감정 미술 놀이

표정 속 마음 그려보기
〈어머니와 딸〉 감정 미술 놀이

무표정 속 감정을 말없이 전하는 따뜻한 놀이

(준비물) 도화지, 색연필 또는 크레용, 거울(선택), 감정 카드 또는 스티커(선택)

STEP 1 거울로 내 표정 바라보기

아이와 나란히 앉아 거울을 들여다보며 이렇게 말해 봐요.

- "엄마(아빠) 얼굴이 오늘 어떤지 볼까?"
- "우리 표정은 말하지 않아도 마음을 자주 보여준대."

그리고 서로의 얼굴을 관찰하면서 표정을 따라 해봐요.

- "이건 엄마가 지친 날의 얼굴 같아."
- "이 표정은 네가 울 뻔할 때의 얼굴 같구나."

STEP 2 '표정 속마음' 그리기

도화지 위에 서로의 얼굴을 그려봅니다. 똑 닮게 그리지 않아도 좋아요. 중요한 건 '그 표정 속에 어떤 감정이 있는지'를 담아보는 거예요.

- "입꼬리는 올라가 있지만, 속은 슬펐던 날이야."
- "이건 무표정이지만 사실은 걱정이 많았던 얼굴이야."

'표정 뒤의 마음' 말로 나누기

그림을 그린 뒤, 아이와 차분히 이야기를 나눠 봐요.

- "이 표정 뒤에 어떤 마음이 있었을까?"
- "혹시 이 얼굴을 하고 있을 때, 무슨 생각이 들었어?"

부모도 자신의 그림을 보여주며 이렇게 나눌 수 있어요.

- "엄마는 오늘 웃고 있었지만, 마음은 복잡했어. 그걸 너한테 말 못 했던 게 마음에 걸렸어."

STEP 4 **'감정의 색 편지' 쓰기**

그림 아래 또는 옆에, 오늘의 표정에 편지를 써봅니다. 아이도 짧게 써볼 수 있어요.(글 대신 색이나 상징으로도 표현 가능)

- "오늘의 나, 정말 애썼어. 말 못 했던 마음, 이제 알아줄게."
- "웃고 있었지만 속은 울고 있었구나. 괜찮아, 이제 말해도 돼."

놀이가 전해주는 작고 단단한 변화들

감정을 표현하는 일이 서툴고 어려운 아이들도 있습니다. 때로는 웃고 있지만 속마음은 그렇지 않고, 무표정이라는 감정의 마스크 뒤에 진짜 마음을 꼭 숨겨 두기도 하지요. 이 책에 담긴 작은 놀이는 그 감정의 마스크를 조금씩 벗고, 그 속에 숨어 있던 진짜 마음을 꺼낼 기회를 만들어줍니다. 놀이 속에서 아이와 함께 색을 고르고, 모양을 그리고, "이건 어떤 기분일까?" 조심스레 묻고 답하며, 서로의 감정을 읽고, 존중하는 법을 억지스럽지 않게, 자연스럽게 익힙니다. 특히 말로 표현하는 것이 익숙하지 않은 아이, 언어보다 표정이나 행동, 색, 이미지로 더 잘 소통하는 아이들에게 이런 미술 놀이와 감정 활동은 마음을 안전하게 열 수 있는 다정한 도구가 되어줍니다.

이 작은 놀이를 꾸준히 함께하다 보면 어느 날, 아이가 먼저 이렇게 말할지도 모릅니다.

"엄마, 오늘 얼굴이 힘들어 보여요."

그 한마디는 단순한 관찰이 아니라, 서로의 마음을 바라보는 따뜻한 관심과 연결의 신호입니다. 말로 설명하지 않아도, 감정이 감정에 다가가는 그 순간이 우리를 단단하게 이어주는 가장 큰 다리가 됩니다. 이런 작고 사소해 보이는 변화들이 부모와 아이 사이에 깊은 이해와 믿음을 쌓아가는 소중한 시작이 됩니다.

"나는 가끔,
나만의 방으로 들어가 문을 닫고,
세상의 소음을 잠시 끄고 싶다."

– 버지니아 울프 *Virginia Woolf*

그웬 존

<화가의 방구석>

고요함을 찾는 두려움을 보다

그웬 존(Gwen John) <A Corner of the Artist's Room>

가끔은, 아무도 나를 찾지 않기를

며칠 전, 한 엄마가 내게 조심스럽게 털어놓았다. 그녀는 미안한 얼굴로 작게 웃으며 입을 열었다. "미안한 말인데요, 가끔은 그냥 아무도 저를 안 찾았으면 좋겠어요. 누구도 엄마라고 부르지 않고 아무것에도 대답하지 않아도 되는 그런 시간, 그게 너무 간절할 때가 있어요."라는 그녀의 말은 조심스러웠지만, 그 안에는 무겁고 깊은 숨이 묻어 있었다. 그 말의 끝에는 죄책감도 있었고 그 죄책감 위에는 말 못 할 피로가 쌓여 있었다. 그녀는 아이를 사랑하고 있었다. 그러나 동시에, 자신이 점점 사라져가는 느낌 속에서 어딘가 조용히 주저앉고 싶은 마음을 숨기고 있었다.

그 이야기를 듣던 중 내 머릿속에 조용히 떠오른 한 장면이 있었다.
햇빛이 조용히 스며드는 방.

나무 의자 하나, 그 옆에 단정하게 놓인 작은 테이블 위엔 펼쳐진 책 한 권. 기하학적으로 나뉜 창문을 통해 들어오는 빛이 방 안의 사물들을 가만히 어루만진다. 탁자, 바닥, 벽지, 그리고 덩그러니 놓인 의자 하나. 의자에는 검은 외투가 걸쳐져 있고, 그 아래엔 아직 앉은 사람의 체온이 남아 있을 것만 같은 하얀 방석이 있다.

사람은 없다. 그러나 그림 속 공간에는 누군가의 존재가 뚜렷이 남아 있다. 오히려 사람이 없기에, 그 부재가 더 많은 이야기를 건넨다. 그웬 존(Gwen John)의 작품 <화가의 방구석>은 그런 그림이다. 눈부신 풍경도, 극적인 사건도, 화려한 채색도 없다. 그러나 보는 이를 끝없이 오래 머물게 만드는 그림이다.

이 조용한 방 한구석은 단순한 실내가 아니다. 이곳은 누군가의 마음이자 일기이고, 고요히 들숨과 날숨을 반복하는 내면의 공간이다. 바깥세상의 소음이 닿지 않는 곳, 누구도 내 이름을 부르지 않는 오후. 그런 시간과 공간이 얼마나 귀한 것인지를, 이 그림은 아무 말 없이 보여준다. 내가 이 그림을 처음 마주했을 때 떠오른 생각은 다름 아닌 '이건 내 마음 같다'라는 것이었다. 무언가에 지쳐 있고, 누구도 만나고 싶지 않으며, 나를 설명하지 않아도 되는 공간. 어떤 말도 필요하지 않은, 그저 혼자여도 좋은 오후. 여인의 부재는 나의 소망이기도 했다. 아무도 나를 찾지 않기를 바라는 그 마음. 단 한 번이라도 엄마도, 아내도, 딸도 아닌 그저 나 자신으로만 머무를 수 있는 공간이 필요하다고 느꼈던 모든 날이 떠올랐다.

그웬 존은 오랫동안 혼자 있는 삶을 선택했다. 파리의 다락방에서 그림을 그리고, 누구도 쉽게 드나들 수 없는 고요한 세계 속에 자신을 숨겼다. 그녀의 방은 단지 가난한 예술가의 작업실이 아니라, 세상의 소음에서 한발 물러나 숨을 고르는 피난처였을 것이다. 이 그림은 단지 공간을 그린 것이 아니라, 혼자만의 시간을 견디고 사랑했던 한 예술가의 내면을 비춘다.

빛은 이 그림에서 특별한 존재다. 강렬하지 않다. 하지만 아주 조용히, 아주 천천히 방 안으로 스며든다. 벽에 생긴 사선의 그림자는 절제된 감정의 표현처럼 느껴진다. 말 대신 빛이 이야기하고, 사람 대신 사물이 감정을 품고 있다. 무엇보다 놀라운 것은, 이 모든 정적이 고요한 슬픔이 아니라, 아주 작은 회복처럼 느껴진다는 점이다.

우리는 늘 사람과 관계 속에서 살아간다. 그러나 그 관계의 무게는 때로 자신을 잃게 만들기도 한다. 그웬 존의 방처럼, 누구도 침범할 수 없는 내면의 방이 필요하다. 이 그림이 우리에게 전하는 메시지는 분명하다. 혼자 있는 시간이야말로, 다시 삶을 향해 나아갈 수 있는 유일한 시간이라는 것. 이 공간은 외면이 아니라 귀환을 위한 준비의 자리라는 것이다.

이 조용한 방 한구석에서 나는 그렇게 생각했다. 당신도 언젠가 저 방처럼 조용한 공간 하나를 가질 수 있다면, 다시 웃을 수 있을 거라고. 다시 내 아이, 내 삶을, 내 마음을 따뜻하게 안아줄 수 있을 거라고.

도망이 아니라, 회복입니다

사랑은 비워야 채울 수 있다, 텅 빈 잔에만 다시 물을 따를 수 있는 것처럼 그렇다. 아이를 위해 잘하고 싶고, 가족을 위해 늘 좋은 사람이 되고 싶고, 기억에 남는 엄마가 되고 싶고, 상처 주지 않는 엄마가 되고 싶고, 늘 따뜻한 사람이 되고 싶은 마음이다. 그 마음이 진심이기에 우리는 더 자주 지치고, 더 깊이 자책한다. 그런 마음일수록 혼자만의 조용한 공간이 필요하다. 누구도 다가오지 않고, 누구도 내 이름을 부르지 않는 그 몇 시간은 도망이 아니라 다시 돌아가기 위한 준비이고, 무너진 벽돌을 다시 하나씩 쌓는 시간이다.

그래서 혼자 있는 시간은 필수가 된다. 그웬 존의 <화가의 방구석>처럼, 잠시 아무도 나를 찾지 않는 조용한 공간. 그 공간에서 사람은 다시 자신의 목소리를 듣고, 감정을 들여다보며, 잊고 지낸 이름을 스스로 불러본다. 그림 속 텅 빈 의

자는 그 자체로 말이 된다. "지금은 누구도 앉지 말아주세요. 이곳은 잠시 비워 둔 자리입니다."라고.

　우리는 종종 혼자 있는 사람을 외롭다고 생각한다. 그러나 그웬 존의 그림은 말한다. 혼자는 외로움이 아니라 선택일 수 있다고. 그리고 그 선택은 회복의 첫 걸음이 될 수 있다고. 빛이 가득한 그녀의 방 한구석은 누구에게도 방해받지 않는 순수한 회복의 공간이다. 그것은 도망이 아니라, 다시 사랑하기 위한 준비다.

　아이를 위해 잘하고 싶고, 상처 주고 싶지 않아서 더 자주 자책하고 더 자주 무너지는 사람들이 있다. 그런 마음일수록 혼자만의 조용한 기차 칸이 필요하다. 누구도 부르지 않는 시간, 아무것도 하지 않아도 괜찮은 오후, 설명하지 않아도 되는 공간. 그런 시간은 나를 위한 이기심이 아니라, 아이를 품기 위한 여백이다. 그 틈에서 우리는 비로소 '누군가의 무언가'가 아닌 '그저 나'로 돌아올 수 있다. 그 고요함은 외로움이 아니라 회복이다.

　때때로 우리는 스스로에게 그런 시간을 허락해도 좋고, 내 이름을 누구도 부르지 않는 오후와 대답하지 않아도 되는 몇 시간과 누구의 엄마도, 누구의 아내도 아닌, 그냥 나로서 숨을 쉴 수 있는 작은 공간을 허락해도 좋다. 그 몇 시간 후 우리는 다시 아이에게로 돌아가고, 조금은 더 부드러운 얼굴과 조금은 더 여유 있는 말투와 조금은 덜 무거운 마음으로 돌아간다. 그리고 그 순간 아이 역시 자신을 돌보는 법과 혼자인 시간을 부끄러워하지 않는 자세와 회복의 시간을 소중히 여기는 태도를 배운다. 아이에게 보여주는 부모의 모습은 단지 사랑하는 법뿐만이 아니라 자신을 지키는 법이며, 지치지 않는 삶을 살아가는 법이고, 그런 모든 것들이 삶의 자세로 전달된다.

앤 라모트는 말했다.

"잠시 멈추는 것은 포기하는 것이 아니라, 다시 나아가기 위한 준비다."라고.

가끔은 아무도 부르지 않는 조용한 시간을 스스로에게 허락하고, 다시 사랑할 힘을 채워나가길 바랍니다. 당신은 이미 충분히 좋은 부모입니다.

혼자만의 공간이 필요한 당신을 위한 10가지 질문

Q1 　오늘 하루, 나는 몇 번이나 '누군가의 무언가'로 불렸나요?

_____

_____

Q2 　마지막으로 아무도 나를 부르지 않는 '고요한 시간'을 가졌던 순간은 언제
　　였나요?

_____

_____

Q3 　지금 내 마음은 '고요함'과 '혼자 있음'을 어떤 감정으로 받아들이고 있나요?

_____

_____

Q4 　요즘 내 삶에서 가장 나를 지치게 만드는 역할은 무엇인가요?

_____

_____

Q5 　나는 '그냥 나'로서 존재하는 순간을 얼마나 자주 허락하고 있나요?

_____

_____

Q6 내 이름을 '그저 나로서' 불러준 사람은 누구였고, 그 순간 나는 어떤 기분이었나요?

_____

_____

Q7 오늘 내가 가장 듣고 싶은 말은 무엇인가요?

_____

_____

Q8 혼자 있는 시간에 떠오르는 '내 감정의 목소리'는 어떤 모습인가요?

_____

_____

Q9 '도망이 아니라 회복입니다.'라는 말이 지금의 나에게 어떤 울림을 주고 있나요?

_____

_____

Q10 오늘, 나 자신을 위한 조용한 공간을 만든다면, 그곳은 어떤 풍경일까요?

_____

_____

감정 미술 놀이

혼자 있어도 괜찮은 풍경
〈화가의 방구석〉 '나만의 공간 그리기' 감정 회복 놀이

오늘은 누구의 누구도 아닌, '나로 머무는 시간'

 준비물) 도화지, 색연필/파스텔/수채화, 감정 단어 카드, 잔잔한 음악(선택)

- -

STEP 1 **나만의 정류장 상상하기**

질문 노트 Q10을 바탕으로, 지금, 이 순간 내가 가장 머물고 싶은 장소의 풍경을 상상해 봅니다.

- 사람들이 없는 조용한 벤치
- 물가에 앉은 나
- 작은 서재
- 비 내리는 창가 옆

그 풍경을 마음 가는 색과 자유로운 형태로 그림으로 표현합니다. 정확하지 않아도 괜찮고, 말보다 감정에 집중하며 그리는 것이 핵심이에요.

STEP 2 **그 안의 나를 그려 넣기**

그 공간 안에 '아무 역할도 없이 존재하는 나'를 그려 넣습니다. 이때의 나는 엄마도, 아빠도, 선생님도, 돌보는 존재도 아닌 그저 '나'라는 이유만으로 괜찮은 사람입니다.

이 작은 인물 옆에 짧은 말풍선을 그려 나에게 해주고 싶은 말 한마디를 씁니다.

- "여기선 아무것도 하지 않아도 돼."
- "그냥 존재하는 것도 충분해."
- "너는 지금, 잘 살고 있어."

STEP 3) 역할을 내려놓는 정리 타임

질문 노트 Q1, Q4, Q5, Q6 중 하나를 선택하여, 지금 내 안에 가장 무거운 역할 하나를 적고, 그 역할을 상징하는 색으로 작게 접어 도화지 옆에 붙입니다. 그리고 그 옆에 이렇게 씁니다.

- "잠시만 내려놓을게. 나로 숨 쉬는 중이야."
- "이건 도망이 아니라 회복이야." (Q9)

STEP 4) 나에게로 돌아가는 한 줄

마지막으로 그림 아래에 오늘의 나에게 해주고 싶은 한 문장을 씁니다.

- "당신은 혼자 있을 자격이 있습니다."
- "이 풍경처럼 조용하고 온전한 내가, 진짜 나입니다."
- "오늘, 나와 다시 연결되었어요."

놀이 속에 숨은 힘

혼자 있는 시간, 그저 외로운 공백이라고 느껴질 때가 많습니다. 하지만, 이 시간을 '비워지는 순간'이 아니라, 수많은 역할과 기대에서 잠시 벗어나 '나 자신'으로 돌아오는 감정 회복의 루틴으로 바꿔보세요.

그 어떤 역할도 잠시 내려놓고, 엄마도, 아빠도, 선생님도 아닌 오롯이 '나'로 존재하는 시간을 스스로 허락해 주는 것. 이 작은 연습은 나를 지키고, 다시 세상과 건강하게 연결될 힘이 되어줍니다.

이 과정은 혼자 있을 때만 가능한 일이 아닙니다. 아이와 함께하는 하루 속에서도, 잠깐씩 자신을 돌아보는 시간을 만들어갈 수 있어요. 그리고 그 모습을 통해 아이 역시 '혼자만의 시간'이 단순한 고립이 아니라, 자신을 돌보는 귀한 시간이라는 것을 자연스럽게 배워가게 됩니다.

그웬 존의 〈화가의 방구석〉 그림 속 작고 고요한 방은 어쩌면 우리가 하루의 끝에 도착하게 되는 '내면의 객실'일지도 모릅니다. 아무도 방해하지 않는 그곳에서 우리는 잠시 멈춥니다. 누구의 엄마도, 아빠도, 선생님도 아닌 '그저 나'로 돌아가 조용히 숨을 고르고, 말없이 자신을 다독입니다.

그것이 진짜 회복의 시작입니다.

"사람은 해결을 바라지 않는다.
그저 자신의 아픔이 이해되고 있다는
느낌을 원할 뿐이다."

— 칼 로저스 *Carl Rogers*

에밀 뮈니에

<설탕과 향신료>

정답을 강요하는 불안한 나를 보다

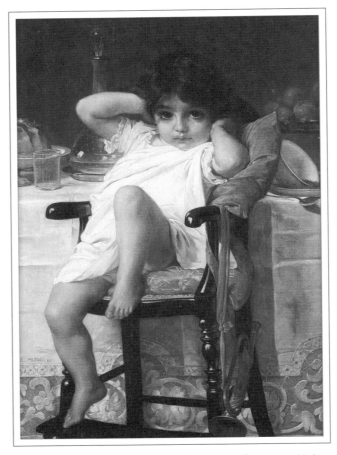

에밀 뮈니에(Émile Munier) <Sugar and Spice>

아이에게 가장 필요한 건 '정답'이 아니었다

며칠 전, 한 부모가 내게 물었다. "아이에게 뭘 해줘야 가장 좋은 걸까요? 학원? 좋은 교육? 다양한 경험? 요즘은 뭐든 해줘야 불안하지 않아요." 그 물음 앞에서 나는 선뜻 대답하지 못했다. 무언가를 단정 짓는 순간, 너무 많은 진심을 놓치게 될까 봐 망설여졌다. 말끝을 고르던 나는, 문득 오래전 보았던 한 그림을 떠올렸다.

에밀 뮈니에(Émile Munier)의 그림 <설탕과 향신료>

한낮 햇살이 부드럽게 내려앉은 실내 풍경 속, 아이가 식탁 앞의 높은 의자에 걸터앉아 있다. 흰 슬립 차림에 두 팔은 머리 뒤로 올라가고, 한쪽 다리는 의자 밖으로 늘어뜨린 채, 아이는 고개를 살짝 기울인 채 정면을 바라본다. 그 표정은 마치 이렇게 말하는 듯하다. '지금 내 마음은 아무도 모르죠.'

겉으로 보기엔 장난기 어린 포즈처럼 보이지만, 그 눈빛 안에는 설명하기 어려운 감정이 담겨 있었다. 고집도, 서운함도, 투정도, 그리고 말 못 할 외로움도 섞여 있는 표정. 아이는 아무 말이 없지만, 그 침묵 속에는 분명 무언가가 말을 걸고 있었다.

그림 전체가 작게 숨죽이며 말하는 것 같았다.
"나는 지금 혼나고 싶지 않아요. 가르침도 아니에요. 그냥, 내 마음을 좀 알아줘요."

나는 그 장면 앞에서 한참을 멈춰 서서 생각했다. 우리는 얼마나 자주 아이에게 '정답'을 주려다 그 마음을 놓치고 있는 걸까.

부모가 된다는 건 사랑하기 때문에 늘 불안해지는 일이다. 더 잘 키우고 싶고, 더 잘해주고 싶고, 세상이 어떤 곳인지 알려주고 싶다. 그래서 우리는 자연스럽게 말이 많아지고, 설명이 길어지고 가르치려는 마음이 앞서게 된다. 하지만 아이는 항상 설명을 듣고 싶은 게 아니다. 때로는 그저 자신의 마음이 어떤지 말하지 않아도 그걸 알아봐 주는 누군가를 원한다. 그 아이는 이미 자신만의 이유와 방식으로 이 세상에 왔고, 자기 속도로 꽃 피울 것이다.

그렇다면, 우리는 그 존재를 어떤 눈빛으로 바라보아야 할까?

"빨리 안 일어나?", "스마트폰 또 보고 있지?", "학원 안 빠지고 갔다 온 거지?"

무심코 내뱉은 말들이 실은, '의심', '불안', '질책'이라는 눈빛으로 아이를 감싸고 있었음을 나는 늦게야 알게 된다. 학교에서, 학원에서, 집에서도 우리 아이들은 그런 눈빛을 받으며 살아간다. 사고 칠까 봐 걱정하는 눈빛, 늦을까 봐 다그치는 눈빛, 틀릴까 봐 불안해하는 눈빛 속에서 자라고 있는데, 정작 아무도 사랑의 눈빛을 건네지 않는다는 사실을 문득 깨닫게 된다.

아이는 따뜻한 눈빛을 받아야 따뜻한 아이로 자란다. 마음이 얼어붙은 아이가 다시 꿈을 꾸길 바란다면, 우리 어른들의 눈빛부터 따뜻해져야 한다. 아이를 바라보는 그 시선 하나가 아이의 마음을 살려낸다. 그리고 당신 자신도.

아이에게 가장 필요한 건, 당신의 따뜻한 눈빛 하나니까.

"요즘 힘든 거 있어?"
"무슨 고민 있어?"

그런 질문보다도 그저 조용히 옆에 있어 주는 손, 등을 살짝 감싸주는 포옹, "네가 애쓰고 있다는 걸 알아."라는 한마디가 더 깊은 위로가 되는 순간이 있다.

부모는 아이의 인생을 바르게 이끌어야 한다는 책임감 때문에 '이렇게 해야 해.', '이건 옳아.', '이게 더 좋아.'라는 말을 반복하게 된다. 하지만 그 말이 많아질수록 아이는 점점 더 '내 감정은 중요하지 않은가?'라고 느끼게 된다. 말은 정답을 줄 수 있지만 마음은 존재 그 자체를 인정해 준다. 아이는 부모의 설명보다 부모의 눈빛을 먼저 읽는다. 말보다 먼저 도착하는 건 언제나 진심이다.

어른이 되어 잊고 지냈지만, 우리 역시 그랬다. 어릴 적 누군가의 꾸지람 속에서 정작 마음이 더 다쳤던 기억. "네가 잘되라고 하는 말이야."라는 그 진심보다 "지금 내 마음은 아무도 모른다."라는 외로움이 더 선명했던 시절. 그 시절의 우리가 지금의 우리 아이가 되었다. 그렇기에 누구보다도 우리는 알고 있을지 모른다. 진심은 말보다 먼저 닿아야 한다는 걸.

가끔은 묻지 않아도 괜찮다.
가끔은 충고하지 않아도 괜찮다.
가끔은 정답을 말하지 않아도 괜찮다.

그저 그 자리에 있어 주는 것만으로도 아이의 마음은 '이해받고 있다.'라고 느낀다.

정답보다 중요한 것은 결국 마음입니다

아이들은 바보가 아니다.

오히려 세상에서 가장 예민한 감정의 수신자다. 부모가 자신을 어떻게 바라보는지, 그 시선의 결이 어떤지, 말투의 미묘한 떨림 하나에도 마음 깊은 곳에서 반응한다. 아이에게 가장 필요한 건 정답을 말해주는 부모가 아니다. 아이가 말하지 않아도 그 마음을 알아봐 주는 사람, 말을 기다려주는 사람, 서툰 말 뒤에 숨은 감정을 먼저 읽어주는 사람이다. 때로는 부모의 말 한마디보다 고요한 기다림이 "내가 네 편이야."라는 가장 강력한 메시지가 되기도 한다.

하지만 사랑을 표현하는 방식이 아이의 마음과 어긋날 때, 그 사랑은 잠시 벽이 되기도 한다. 사랑은 '무엇을' 전하느냐 만큼이나 '어떻게' 전하느냐가 중요하다. 아이는 사랑을 받아들이는 법을 배우기 전에, 그 사랑이 진짜 자신을 향한 것인지 아닌지를 느낌으로 먼저 판단한다.

<설탕과 향신료>는 이런 이야기를 떠올리게 하는 그림이다. 에밀 뮈니에의 그림이 단지 '예쁜 아이'를 그린 초상화로만 느껴지지 않는 이유는 그 아이의 눈동자에 있다. 화폭을 가만히 들여다보면 마리 루이즈의 시선은 그림 바깥 어딘가를 응시하고 있다. 아마도 바로 앞에 앉은 누군가, 어른일 것이다. 그녀는 말없이

바라보고 있다. 그 시선은 수줍음과 조심스러움, 그리고 어쩌면 말로 다 전하지 못한 감정을 담고 있다. 그녀의 눈빛은 "내 마음을 알아채줄 수 있을까?"라고 조용히 묻는 듯하다. 뮈니에의 붓은 단지 아이의 외형을 그리는 데 그치지 않고, 그 속에 흐르는 감정과 분위기, 그리고 누군가에게 보내는 메시지까지도 섬세하게 담아낸다.

이처럼 아이는 말보다 먼저 마음으로 반응한다. 어른의 말이 길어질수록 아이는 점점 눈빛으로만 응답하려 한다. 우리가 무심코 던진 말 한마디가, 아이의 마음엔 오래 남는다. 반대로 아무 말 없이 옆에 앉아 있어 주는 시간은, 아이에게 평생의 위안이 되기도 한다.

그래서 우리는 묻지 않을 수 없다. 나는 아이에게 어떤 사람으로 남고 있을까?
정답을 강요하는 사람이 아니라, 질문을 기다려주는 사람일까?
아이의 마음을 훈육의 대상으로만 바라보는 것이 아니라, 하나의 고유한 세계로서 존중해주는 사람일까?

그림 속의 작은 소녀는 어쩌면 우리 곁의 아이를 비추는 거울이다. 겉보기엔 단순한 순간을 그린 것 같지만, 그 안에는 부모와 아이 사이의 감정의 흐름, 말하지 않아도 느껴지는 긴장이 고스란히 담겨 있다. 그 긴장은 아이가 어른에게 보내는 무언의 질문일지도 모른다. "당신은 내 마음을 얼마나 보려 하나요?"라고.

우리는 종종 아이의 감정을 가르치려 한다. 하지만 정작 아이가 바라는 건, 자신이 느끼는 감정이 틀리지 않았다는 위로, 그 감정을 함께 느껴주는 어른의 존재다. 부모의 역할은 정답을 주는 사람이 아니라, 아이가 스스로 길을 찾도록 곁에서 빛을 비춰주는 등불이 아닐까.

그림 한 점이, 아이의 눈빛 하나가, 우리에게 말한다. 그들은 오히려 우리의 말과 표정, 눈빛을 누구보다 깊이 읽어내는 감정의 천재다. 그런 아이들 앞에서 우리가 해야 할 일은 말보다 마음을 다해 듣는 일, 그리고 무엇보다 아이의 시선에 사랑과 기다림으로 응답하는 것이다. 그래서 때때로 '이건 사랑이야.'라고 설명할 필요 없이 그냥 아이 옆에 조용히 머무는 것. 그저 오늘 하루를 함께 견뎌주는 것. 그게 아이에게 가장 깊은 사랑일지도 모른다.

브레네 브라운은 말했다.
"진심은 말보다 훨씬 먼저 도착한다."라고.

가장 좋은 부모는 정답을 말하는 사람이 아니라, 아이가 말하지 않아도 그 마음을 먼저 알아봐 주는 사람이고, 그런 당신은 오늘도 분명히 충분히 좋은 부모입니다.

정답보다 소중한 부모 마음을 위한 10가지 질문

Q1 나는 아이에게 '정답'을 줄 때, 아이의 마음을 먼저 읽고 있었나요?

_____

_____

Q2 최근 아이와 나눈 대화 중, 내 말보다 아이의 감정에 먼저 귀 기울였던 순
간은 언제였나요?

_____

_____

Q3 아이는 내 말속에서 '이해받고 있다.'라고 느꼈을까요, '지적받고 있다.'라
고 느꼈을까요?

_____

_____

Q4 오늘 나는 아이의 표정을 몇 번이나 천천히 바라보았나요?

_____

_____

Q5 내가 오늘 아이에게 꼭 전하고 싶었던 진심은 무엇이었나요?

_____

_____

Q6   조용히 기다려주었던 적이 있다면, 그때 아이는 어떻게 반응했나요?

_____

_____

Q7   아이가 어떤 말을 했을 때, 나는 충고 대신 어떤 감정으로 답해주었나요?

_____

_____

Q8   말이 아닌 태도로 아이에게 '나는 네 편이야.'라고 전한 적이 있다면, 어떤 순간이었나요?

_____

_____

Q9   '이건 사랑이야.'라고 말하지 않고도, 그 사랑이 자연스럽게 전해진 순간이 있었나요?

_____

_____

Q10   오늘, 아이가 내 곁에서 '존재 자체로 이해받았다.'라고 느꼈을까, 아니면 무언가 더 해야 한다고 느꼈을까?

_____

_____

귀 기울이기 연습장
〈설탕과 향신료〉 공감 훈련 대화 놀이

답을 주지 않아도, 마음은 전해질 수 있어요.

준비물) 대화 노트, 감정 카드(또는 그림), 타이머, 스티커, 따뜻한 음악(선택)

STEP 1 **지금 마음 날씨는 어때?**

아이와 나란히 앉아 오늘 하루의 감정을 '날씨'로 표현해 봅니다.

- 아이: "오늘은 흐림. 이유는 숙제 많았어."
- 부모: "나는 약간 흐림 후 맑음. 네가 웃어서 좋아졌어."

감정 카드를 사용하거나, 간단한 표정 이모지로 감정을 고르게 해도 좋아요.

STEP 2 **마음 이야기, 끼어들지 않고 듣기**

타이머를 2분으로 설정하고, 아이 또는 부모 한 명이 먼저 이야기합니다.

- "오늘 가장 속상했던 일 하나."
- "누군가가 나를 오해했다고 느낀 순간."

상대방은 절대 끼어들지 않고, 고개로만 반응하며 '마음으로 듣는 연습'을 해요.(질문 노트 Q1, Q2, Q3의 연습이 이 순간에 스며듭니다.)

STEP 3 마음 리플 달기

이야기를 다 들은 뒤, 답이나 충고가 아니라 '마음에 대한 리플'을 스티커나 메모지에 써서 건넵니다.

- "그랬구나, 아주 속상했겠다."
- "그때 널 안아주고 싶었어."
- "나는 그 말을 들으니 너를 더 이해하게 됐어."

이 리플은 '감정 이해 카드'처럼 사용되며, 말 대신 공감의 몸짓이 됩니다.(질문 노트 Q7, Q8, Q9 연결)

STEP 4 나는 오늘 이 말 하나만 기억해 줬으면

질문 노트 Q5, Q10을 참고해, 부모와 아이가 각각 오늘 꼭 전하고 싶은 진심 하나를 말합니다.

- "네가 어떤 감정을 느끼든, 엄마는 그걸 알고 싶어."
- "말하지 않아도, 나는 네 표정에서 마음을 읽고 싶어."

아이도 스스로 표현할 수 있도록 도와주세요.

- "오늘은 혼내지 않아서 좋았어요."
- "그냥 옆에 있어 줘서 고마웠어요."

놀이 안에서 다시 만난, 나와 너

대화란 정답을 찾아내는 일이 아니라, "나는 여기 있어.", "너의 마음을 듣고 있어." 그 존재를 확인하는 마음의 교환임을 우리는 아이와의 시간을 통해 몸으로 배웁니다. 부모가 아이 앞에서 '가르치기'보다 '공감하기'를 연습할 때, 아이의 자기 표현력과 감정 신뢰감 역시 조금씩 그러나 단단하게 자라납니다.

어떤 날은 짧은 한마디, 어떤 날은 잠깐의 눈 맞춤, 그렇게 소박한 순간들이 쌓여 우리는 매일 조금씩, 정서적으로 깊은 연결을 함께 만들어갑니다.

에밀 뮈니에의 〈설탕과 향신료〉 속 장면은 바로 그런 마음의 교감을 보여줍니다. 말보다 눈빛으로, 조언보다 귀 기울이는 자세로 정답을 말해주지 않아도 "나는 네 편이야"라는 든든한 확신이 자연스럽게 전해지는 순간입니다. 그림 속 소녀는 아무 말 없이도 자신의 마음을 조심스럽게 건네고 있고, 그 눈빛을 들여다보는 이에게는 말로 다 설명할 수 없는 감정의 결이 고요하게 전해집니다. 어쩌면 우리가 아이에게 줄 수 있는 가장 큰 선물은 뭔가를 잘 설명해 주는 능력이 아니라, 그저 다정하게 곁에 있어 주는 일일지도 모릅니다.

말이 아니라 마음으로, 침묵 속에서도 공감이 전해지는 그 따뜻한 자리에 당신이 함께하길 바랍니다.

"당신이 얼마나 많이 넘어지는지는
중요하지 않습니다.
중요한 것은 얼마나 빨리
일어서는가입니다."

― 빈스 롬바르디 *Vince Lombardi*

PART II

명화 앞에서 나를 있는 그대로 받아들이다

메리 카사트

<목욕>

부모의 조용한 사랑을 보다

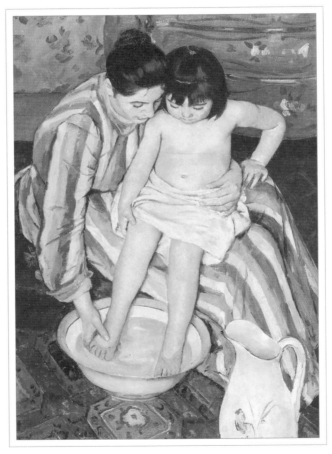

메리 카사트(Mary Cassatt) <The Bath>

나도 부모가 처음이에요

며칠 전, 한 엄마의 문자를 받았다.

"요즘은 아이 씻기는 일도 버거워요. 욕실 바닥에 주저앉아 눈물이 날 뻔했어요." 그녀는 이어 말했다. "그런데 아이 발에 물을 묻히던 제 손을 보는데, 나도 모르게 '참 열심히 살고 있구나.' 싶은 거예요. 울다가 웃었네요." 그 이야기를 떠올리며, 메리 카사트의 그림 <목욕> 앞에 섰다. 그림 속 여인은 아이를 무릎에 앉히고 조심스럽게 발을 씻겨주고 있다. 맞닿은 머리, 아이의 허리를 감싼 손, 작은 발을 감싸는 또 다른 손. 그 모든 것이 '말 없는 사랑'이었다.

사랑은 때로 너무 작고 조용해서 당사자조차 깨닫지 못한다. 아이를 씻기던 날, 나 역시 그랬다. 귀에 물이 들어갈까 봐, 눈이 따가울까 봐, 천 번쯤 손을 멈추며 조심했던 시간들.

포동포동한 살결에 수십 번 입을 맞추며 "이렇게 예쁜 애가 또 있을까?" 싶던 그 마음, 내 안에 여전히 남아 있다. 하지만 동시에, 그 순간들이 얼마나 지치고 벅찼는지도 잘 안다. 기저귀를 채우고, 물기를 닦고, 바닥을 정리하는 모든 순간이 하나의 전투처럼 느껴지는 날이 있었고, 등이 땀에 젖고, 허리는 욱신거리고, 아이는 계속 울고, 바닥은 미끄럽고…. 정말 아무도 나를 알아주지 않는 것 같은 그 고단한 시간 속에서, 때로는 이 일이 대체 언제 끝나나 싶은 절망까지 밀려오기도 한다.

사랑한다고 말할 틈도 없이 지쳐버리는 순간들이 있었고, 울음을 참다가 문득, '내가 왜 이렇게까지 하고 있지?' 싶은 생각이 고개를 들 때도 있다. 그런데도 우리의 손은 여전히 아이의 몸을 감싼다. 우리의 마음은 여전히 아이를 먼저 바라본다. 무릎이 쑤시고, 손끝이 텄어도, 우리는 여전히 아이를 위해 팔을 걷어붙인다. 마치 메리 카사트의 붓처럼, 매일매일 같은 장면을 반복하면서도 그 안에 사랑이라는 색을 덧입힌다.

그녀의 그림은 일본 판화처럼 간결하다. 하지만 그 간결함은 결코 단순함이 아니다. 그녀의 그림은 일본 판화처럼 간결했지만, 그 간결함은 결코 단순함이 아니었고, 사랑이란 얼마나 많은 감정을 절제하고 꾹 눌러야만 가능한지를 그녀는 알고 있었고, 눈에 띄지 않는 장면이기에 오히려 그 감정은 더 깊고, 화려하지 않아서 더 진실하며, 고요해서 오히려 더 벅차오르는 사랑이 거기에 있었다.

나는 그 엄마의 이야기를 잊지 못한다. 욕실 바닥에 주저앉아, 아이 발을 씻기며 울던 그 장면이 어쩌면 우리가 매일 그려내는 '삶이라는 그림'의 일부라는 것을. 그림처럼, 사랑도 하루하루 덧칠되며 완성된다. 그리고 그 완성은 '완벽'이 아니라 '진심'에서 시작된다. 나는 오늘도 생각한다. '나도 부모가 처음이에요.' 이 말 안에는 수많은 고백이 담겨 있다. 서툴고, 지치고, 혼란스럽고, 때로는 무너지는 마음 까지 하지만 그 안에 가장 중요한 마음이 있다.

'그럼에도 불구하고, 나는 이 아이를 사랑합니다.'

그림 속 여인의 손이 그렇다. 서툴 수 있지만, 분명히 닿아 있는 마음, 말로 다 전해지지 않지만, 끝내 닿고야 마는 사랑, 우리는 지금도, 매일 그렇게 살아내고 있다.

그저 하루를 버텼다는 사실만으로도 충분히 잘하는 것이다.

파커 J. 파머(Parker J. Palmer)는 이렇게 말했다.
"당신이 하는 가장 위대한 일은, 누군가의 삶 속에 조용히 존재해 주는 것이다."라고.

나는 그 말이 부모라는 이름을 살아가는 우리 모두를 위한 문장이라는 것을, 오늘도 다시 한 번 마음속에 새긴다.

서툴지만 진심입니다

'엄마'라는 이름 아래 우리는 하루에도 수십 번씩 질문한다. 나는 지금 잘하고 있는 걸까? 이 아이는 행복할까? 나는 왜 이렇게 힘든 걸까? 하지만 그 모든 질문에 앞서, 사실 우리는 이미 답을 알고 있다. 아이가 잠들기 전 이불을 덮어주던 손길, 식탁 앞에 앉혀 따뜻한 밥 한 숟갈을 떠먹여 주던 순간, 아이가 울 때 주춤거리는 손으로 눈물을 닦아주던 그 짧은 찰나 속에 우리는 이미, 부모로서의 사랑을 실천하고 있었다. 사랑은 거창하지 않다. 사랑은 아이의 이름을 천천히 불러주는 목소리 안에 있고, 아이가 넘어질까 조심스럽게 손을 내미는 그 본능적인 움직임 안에 있다. 그리고 그 사랑은 말이 없고, 조용하며, 때로는 자신도 잘 느끼지 못할 만큼 평범하게 흐른다. 그러나 그 평범한 순간들이야말로 아이에게는 전부이고, 부모에게는 다시 살아낼 수 있는 이유가 된다. 아이의 발을 씻기며 허리를 굽히고, 아이의 말에 귀 기울이며 눈을 맞추고, 아이의 마음을 읽으려 애쓰는 그 모든 순간마다 우리는 서툴지만, 진심으로 사랑하고 있다.

서툰 육아일수록 더 많은 감정을 지나야 한다. 후회하고, 다짐하고, 또 무너지고, 다시 일어나고. 하지만 그 모든 감정이야말로 사랑의 진짜 결을 만들어내는 재료인지도 모른다. 잘하고 싶은 마음만큼 자책도 커지고, 사랑하는 마음만큼 걱정도 깊어진다. 그 모든 감정이 당신을 흔들 수는 있지만, 무너뜨릴 수는 없다. 왜냐하면, 당신은 매일 같이 아이를 품고 있는 사람이기 때문이다.

당신이 오늘도 아이의 옷을 챙기고, 밥을 짓고, 말을 걸고, 마음을 읽으려 한 그 순간들 그 하나하나가 '충분히 좋은 부모'의 조건이다. 아이 앞에서 완벽한 엄마가 되려 하기보다 진심을 가진 사람으로 남아주려는 그 마음, 그게 진짜 부모의 모습이다. 그러니 잊지 말았으면 한다. 당신이 느끼는 피로, 후회, 두려움까지도 사랑에서 시작된 감정이라는 걸. 그리고 사랑은, 언제나 진심이면 충분하다는 걸.

오늘도 당신의 손은 사랑을 하고 있습니다. 비록 지치고 서툴더라도 그 모든 순간을 지나며 아이와 함께 자라는 당신을 믿습니다.
서툰 걸음이어도 괜찮습니다. 사랑을 담은 당신의 손은 이미, 충분히 좋은 부모입니다.

세상에서 가장 큰 사랑, 조용한 손길을 위한 10가지 질문

Q1 오늘 나는 아이에게 어떤 손길을 건넸나요? 그 속에 내 마음은 어떤 색이었을까요?

_____

_____

Q2 가장 지치고 버거웠던 순간, 내 마음을 버티게 해준 한마디가 있다면 무엇이었나요?

_____

_____

Q3 욕실 바닥에 주저앉고 싶던 순간, 나는 어떤 감정을 꾹 눌러 참았나요?

_____

_____

Q4 내가 아이에게 해준 수많은 '작은 일'들 중, 아무도 몰라줘서 서운했던 순간이 있었나요?

_____

_____

Q5 사랑하지만 너무 힘들었던 날, 나는 나 자신에게 어떤 말을 해주고 싶었나요?

_____

_____

Q6 지금 내 손에 쥐어진 '부모의 역할', 나는 얼마나 따뜻하게, 얼마나 서툴게 감당하고 있나요?

_____

_____

Q7 '왜 이렇게까지 하고 있지?'라는 생각이 들었던 순간, 그럼에도 다시 아이에게 손을 뻗은 이유는 무엇인가요?

_____

_____

Q8 나도 부모가 처음인데, 나는 스스로에게 얼마나 너그러웠나요?

_____

_____

Q9 사랑은 완벽함이 아니라 진심에서 온다는 말, 지금 내 삶에 어떤 울림을 주고 있나요?

_____

_____

Q10 오늘 하루, 나 스스로에게 해줄 수 있는 가장 따뜻한 위로는 무엇인가요?

_____

_____

손으로 전하는 마음 목욕

〈목욕〉 손끝으로 전하는 사랑의 미술 놀이

당신의 손길에는 이미 충분한 사랑이 담겨 있습니다.

준비물 도화지, 수채화 물감(또는 색연필), 따뜻한 물 한 그릇, 수건, 손도장 찍기 도구(스펀지 또는 물티슈)

STEP 1 오늘 내 손은 어떤 일을 했을까?

아이와 부모가 서로의 손을 바라보며 말해요.

- "이 손으로 오늘 너 밥 먹이고, 등도 토닥였지."
- "너는 이 손으로 뭘 했니? 블록도 쌓고, 그림도 그렸겠지?"

서로의 손을 따뜻한 물에 담가주며 가볍게 손을 씻기고, 작고 조용한 스킨십 속에서 '오늘도 애썼어요.'라는 마음을 전해요.

STEP 2 우리 손에 담긴 마음 찍기

도화지에 부모와 아이가 서로의 손도장을 찍습니다. 색은 각자 고를 수 있어요.

- 엄마는 연보라: 지친 마음이지만 부드러운 사랑
- 아이는 노랑: 기분 좋은 에너지와 호기심

그리고 도장 옆에 손의 의미를 담은 글귀를 씁니다.

- "이 손은 너를 매일 감싸주는 손이야."
- "이 손은 내가 세상에서 제일 좋아하는 사람 손이야."

STEP 3 손이 전해준 사랑의 기억 나누기

질문 카드를 활용해, 그날 있었던 손의 기억을 떠올려 보아요.

Q1. 오늘 나는 아이에게 어떤 손길을 건넸나요?

- "네 등을 쓸어내릴 때, 엄마도 울고 싶었어."

Q4. 아무도 몰라줘서 서운했던 손길이 있었나요?

- "밤마다 머리를 쓰다듬어주던 그 시간이 가끔 외로웠어."

이야기를 나눈 뒤, 서로의 손을 따뜻하게 감싸 쥐고 짧은 한마디를 전합니다.

- "이 손길, 오늘도 고마워."
- "우리는 서로를 정말 잘 돌보고 있어."

부모와 아이, 함께 성장하는 놀이터

때로는 '수고했어.'라는 말보다 가만히 건네는 손끝의 따뜻한 온기, 비언어적 위로가 아이의 마음에 더 깊이 스며듭니다. 돌봄의 순간들은 단순한 일상이 아니라, 부모와 아이가 서로를 알아가고 관계를 쌓아가는 소중한 사랑의 기록이 됩니다. 그리고 그 돌봄의 시작점에는 늘 '아이'가 아닌 '부모 자신'이 먼저 있어야 합니다.

양육 과정에서 부모가 자신의 마음과 몸을 살피고, 자신을 돌보는 연습은 아이를 위한 돌봄만큼이나 중요한 부분입니다. 〈목욕〉 활동은 단순한 놀이가 아닙니다. 아이를 씻기듯, 나의 지친 하루도 부드럽게 씻어내고 몸과 마음을 다독이는 시간입니다.

이 놀이를 통해 부모가 가장 먼저 알아가야 할 것은 '내가 가장 먼저 안아야 할 존재는 '나 자신이다.'라는 사실입니다. 부모가 자신의 감정과 피로를 이해하고 스스로에게도 다정해질 수 있을 때, 그 따뜻한 손길은 자연스럽게 아이에게도 전해집니다.

놀이가 부모와 아이 모두의 작은 치유의 공간이 되어주길, 서로의 마음이 다정하게 만나 함께 자라가길 바랍니다.

"아이에게 가장 필요한 것은
사랑받고 있다고 느끼는 것이다.
그것만으로도 충분하다."

– 존 볼비 John Bowlby

알베르트 에델펠트

<해변에서 노는 소년들>

있는 그대로의 자연을 보다

알베르트 에델펠트(Albert Edelfelt) <Boys Playing on the Shore>

아이를 있는 그대로 믿는다는 것

며칠 전, 한 어머니의 메시지를 받았다.

"요즘엔 아이가 조용하면 불안하고, 뛰어놀면 짜증이 나요. 대체 어떻게 해야 할지 모르겠어요." 그 문장은 고백이자 한숨이었고, 자책이자 구조 요청처럼 느껴졌다. 나는 오랫동안 그 문장을 들여다보았다. 낯설지 않은 감정이었다. 아이를 키우는 거의 모든 부모가 어느 시점에서 마주하는 마음이기 때문이다. 아이의 조용함조차 불안하게 느껴지는 건, '혹시 무언가 잘못된 건 아닐까?' 하는 염려 때문이다. 반대로 활달하게 뛰어노는 모습을 보며 짜증이 솟는 건 '지금은 그러면 안 되는 시간인데…' 하는 불안 때문이다. 결국 그 중심엔 '부모로서 나는 잘하고 있는 걸까?' 하는 끊임없는 질문이 숨어 있다.

'아이를 있는 그대로 믿는다는 건 뭘까?'

나는 그 물음을 품고, 한참 동안 알베르트 에델펠트의 그림 앞에 머물렀다. 핀란드의 화가, 알베르트 에델펠트. 그의 대표작 중 하나인 <해변에서 노는 소년들>에는 물가에서 노는 아이들이 환하게 웃고 있는 장면이 담겨 있다.

소년들은 옷이 젖고 흙이 묻은 채로 바다를 향해 망설임 없이 뛰어가고 있었고, 그들이 무엇을 하고 있는지, 어디까지 허락된 놀이인지는 전혀 중요하지 않아 보였다. 그림은 조용하지만 단호하게 말하고 있었다.

'있는 그대로의 아이가 가장 자연스럽고, 가장 아름답다.'

그 장면을 바라보고 있자면 어느새 부모가 아이에게 바라는 이상과 현실 사이의 간극이 떠오른다. '왜 이렇게 산만하지?', '왜 또 집중을 못 하지?', '왜 자꾸 말을 안 듣지?' 아이의 행동 하나하나에 걱정이 붙고, 그 걱정은 어느새 의심으로 번지고, 그 의심은 결국 고치고 다스리려는 통제로 향하게 된다. 그러는 사이 우리는 아이의 자연스러움을 품기보다는 그것을 억누르거나 바꾸려는 방향으로 마음이 기울어지고, 그럴수록 아이는 이렇게 생각하게 된다. '있는 그대로의 나는 괜찮지 않은가?', '조금 더 얌전해야 하나?', '이렇게 하면 엄마가 싫어할지도 몰라…' 아이의 시선이 세상보다는 부모의 반응을 먼저 살피게 되는 순간, 그 자리는 더 이상 놀이의 공간이 아니라 평가의 공간이 되고, 기쁨이 아닌 눈치와 긴장의 공간으로 변해버린다.

에델펠트가 이 그림을 그릴 당시 핀란드는 러시아의 지배를 받고 있었지만, 그림 속 세상은 너무나 평화롭고 자유로웠고, 어쩌면 그가 그리고 싶었던 것은 정치적 현실이 아니라 그 속에서도 여전히 존재하는 '자연스러운 것들'에 대한 조용한 선언이었는지도 모른다. 그가 말하듯 세상이 통제할 수 없는 방향으로 흘러갈 때도 아이의 웃음과 바닷물과 햇살 같은 것들은 여전히 제 자리에 있고, 그것들을 있는 그대로 믿고 지켜보는 어른이 곁에 있다는 것은 아이에게 얼마나 큰 힘이 되는 일인지 나는 오래 생각했다.

육아란 결국 그런 것이 아닐까. 말로 채워지는 것이 아니라 마음을 먼저 알아주는 시간이고, 이해하려는 그 마음에서 비로소 연결이 생기며, 그 연결이 아이를 지키는 가장 단단한 울타리가 되어준다. 많은 부모가 착각하지만, 서로가 그 착각을 안다.

'내가 하지 못한 걸, 아이는 해낼 거야.'

내 부족했던 학업과 불안했던 자존감과 포기했던 꿈을 아이에게 더 좋은 환경, 더 나은 조건, 더 큰 가능성으로 채워주면 이 모든 것을 대신 이루어줄 수 있으리라 믿지만, 어느 순간 우리는 깨닫는다. 그건 아이를 있는 그대로 바라본 것이 아니라 내 결핍을 아이에게 덧씌운 것이었음을.

책에서 읽은 한 문장이 마음을 깊이 파고들었다.

"내 몸을 통과했지만, 하늘에서 내려온 너무나 고유하고 귀중한 영혼이다."

나는 아이에게 육체는 주었지만, 영혼은 준 적 없다는 사실을, 영혼은 감히 인간이 줄 수 있는 것이 아니기에, 내가 할 수 있는 일은 그 귀한 영혼이 스스로 길을 찾도록 그저 곁에서 지켜보며 기다려주는 것뿐임을 이제는 조금 알 것 같다. 아이는 만들어지는 존재가 아니라 이미 충분히 '되어 있는 존재'이고, 내가 부족해서 아이가 부족해질까, 걱정하지 않아도 되며, 그 아이는 이미 자신만의 이유와 방식으로 이 세상에 왔고, 자기 속도로 천천히, 그러나 분명하게 꽃 피울 것이라는 사실을 나는 믿는다.

양육이란 없는 것을 억지로 채워주는 일이 아니라, 이미 아이 안에 있는 것을 스스로 꺼내 쓸 수 있도록 그것이 얼마나 귀한 것인지 잊지 않게 도와주는 일이기에, 이제는 그게 진정한 '엄마 노릇'이라는 말을 조금 이해하게 된다.

받아들이는 부모가 되어간다는 것

아이를 믿는다는 건 모든 걸 잘할 거라고 확신하는 것도 아니고, 실수하지 않을 거라는 기대를 품는 것도 아니다 그저 지금, 이 모습 그대로도 괜찮다고, 조금 서툴고, 느리고, 다르게 행동해도 괜찮다고 먼저 말해주는 일이다.

사실 부모인 우리는 아이가 어른들처럼 통제된 모습을 보일 때 안심하고, 질문보다 대답을 잘할 때, 자신의 감정보다 규칙을 더 따를 때, 모난 구석 없이 매끄러운 모습을 보일 때 비로소 '그래, 잘 크는 중이구나.'라고 생각한다. 하지만 진짜 잘 크는 아이는 때로 소리도 지르고, 싫은 건 싫다고 말하며, 기분이 좋으면 먼저 몸부터 움직이고, 내 마음이 이렇다고 말할 줄 아는 아이이고, 세상을 자기 식대로 해석하고, 도전하고, 깨지면서 다시 일어나는 그런 아이 아닐까. 그 아이의 곁에 필요한 단 한 명의 어른이 있다면 그건 그 모습을 기꺼이 믿어주는 사람이고, 수없이 흔들리는 그 아이의 한가운데서도 "괜찮아, 너는 지금도 충분해."라고 말해주는 사람이다.

아이를 바꾸려 하기보다, 먼저 아이를 받아들이는 법부터 시작하면 어떨까. 내 방식대로 아이를 끌고 가기보다, 아이의 리듬을 이해하고 기다려주는 일은 결코 아이를 '내버려두는' 것이 아니라, 아이를 '존중하는' 방식이라는 걸 우리는 조금씩 알아가야 한다.

말을 잘 듣는 아이보다 자기 마음을 솔직히 표현할 수 있는 아이라면 어떨까. 지시받은 대로만 움직이는 아이보다 자기 생각으로 세상을 탐색할 수 있는 아이라면 어떨까, 그런 아이로 자라기 위한 첫걸음은 "너는 너여서 괜찮아."라고 믿어주는 어른 한 명에서 시작된다는 것을 우리는 잊지 말아야 한다.

그 어른이 당신이기를 오늘도 나는 조용히 응원하고 있다.

프레드 로저스는 말했다.
"아이들이 진짜로 원하는 건, 사랑받을 수 있다는 확신이다. 그저 지금 그대로의 모습으로."라고.

아이는 완벽해지기 위해서가 아니라, 있는 그대로 사랑받기 위해 자라고 있다는 것을 기억하는 당신은, 이미 충분히 좋은 부모입니다.

있는 그대로의 아이를 믿는 부모를 위한 10가지 질문

Q1 최근 내 아이의 행동 중 '왜 저러지?' 하고 걱정했던 장면은 어떤 순간이 었나요?

_____

_____

Q2 그 행동을 바라보던 내 마음엔 불안, 조급함, 피곤함… 어떤 감정이 숨어 있었나요?

_____

_____

Q3 아이의 자연스러운 모습을 무심코 통제하려 했던 적이 있다면, 그건 어떤 이유에서였을까요?

_____

_____

Q4 오늘, 내 아이가 나를 바라보며 눈치 본 적이 있진 않았나요? 그때 아이는 어떤 표정을 짓고 있었나요?

_____

_____

Q5 '지금 모습 그대로도 괜찮다.'라고 내 아이에게 진심으로 말해준 건 마지 막이 언제였나요?

_____

_____

Q6 요즘의 나는, 아이를 얼마나 '내 기준'으로 바라보고 있었나요?

_____

_____

Q7 아이의 리듬과 속도를 진심으로 믿고 기다려준 날이 있었나요?

_____

_____

Q8 말을 잘 듣는 아이보다 자신의 감정을 솔직히 표현하는 아이, 그런 아이
    를 나는 얼마나 응원하고 있나요?

_____

_____

Q9 '있는 그대로 사랑받을 수 있다.'라는 확신이 지금 내 아이 마음속에도 자
    라고 있다고 느껴지나요?

_____

_____

Q10 오늘, 아이를 믿어준 나 자신에게 어떤 말을 해주고 싶나요?

_____

_____

있는 그대로 나, 있는 그대로 너

〈해변에서 노는 소년들〉 아이와 함께하는 자존감 놀이

지금, 이 모습 그대로도 괜찮다는 걸, 마음으로 그려보기

(준비물) 거울, 도화지 2장, 크레용이나 색연필, 스티커(선택)

- -

STEP 1 내가 보는 너, 네가 보는 나

부모와 아이가 서로를 바라보며 관찰해요. 거울을 사이에 두고 앉아도 좋고, 마주 보고 웃어도 좋아요.

- "엄마 눈에는 네가 어떤 모습으로 보이는지 그려볼게."
- "넌 엄마를 어떻게 기억하고 있어? 네 마음대로 그려봐."

각자 도화지에 상대의 '지금 모습'을 그림으로 표현해 봐요. 완벽하지 않아도, 형태가 정확하지 않아도 괜찮아요. 중요한 건 '지금 그대로의 모습'을 사랑스럽게 바라보는 마음입니다.

STEP 2 있는 그대로의 말풍선

그림 옆에 말풍선을 그리고, 상대에게 전하고 싶은 '있는 그대로의 너를 응원하는 한 마디'를 써봅니다.

- "너는 지금 그대로도 충분히 멋져."
- "천천히 해도 괜찮아. 나는 네 편이야."
- "실수해도 괜찮단다. 넌 소중해."

STEP 3 있는 그대로의 나도 그려보기

이번에는 도화지에 '나 자신'을 그려봅니다. 엄마는 엄마를, 아이는 아이를 마음속에서 가장 편안한 표정으로, 지금 나다운 모습을 그려보는 거예요. 그리고 아래에 나에게 해주고 싶은 응원의 말을 써요.

아이와 함께 크는 부모의 놀이 시간

우리는 종종 아이에게 '잘해야 사랑받을 수 있다.'라는 메시지를 의도치 않게 전달하곤 합니다. 칭찬과 격려도 어느새 성취와 결과 중심이 되기 쉽습니다. 하지만 아이가 '잘하는 아이'가 아니라, '존재 그 자체로 사랑받는 아이'라는 믿음을 품게 하는 것, 이것이야말로 부모가 아이에게 줄 수 있는 가장 단단한 심리적 토대이자, 자존감의 뿌리가 됩니다. 그 믿음은 부모 스스로 경험해야 비로소 자연스럽게 아이에게 전해질 수 있습니다. 부모 역시 '더 잘해야 한다.'라는 부담감 속에 스스로 몰아세우기보다, '기능하는 존재'가 아닌 '있는 그대로의 나'를 다정하게 바라보는 시선을 배우는 것. 이것이 부모와 아이 모두에게 필요한 감정 회복의 시작입니다. 이러한 자기 인식과 수용을 돕는 방법으로 '수정 없는 그림 놀이'를 제안합니다. 이 놀이의 핵심은 '틀렸다고 지우지 않는 것', 완벽함을 향해 고쳐 나가는 것이 아니라, 그림 위에 남겨진 흔적 하나하나를 있는 그대로 인정하고 받아들이는 경험입니다.

이 활동에서 중요한 것은 잘 그리는 것, 멋지게 완성하는 것이 아닙니다. 오히려 실수해도, 엉성해 보여도 지우지 않고, 그대로 남겨 두는 과정에서 부모와 아이는 '나도 괜찮은 사람이야.'라는 믿음을 스스로 확인하게 됩니다. 그림이라는 언어는 말보다 깊은 감정의 울림을 전합니다. 무엇을 그리고, 얼마나 잘 그렸는지가 아니라, 그 안에 담긴 감정, 나의 이야기를 인정받는 경험이 아이의 내면에 따뜻한 안정감을 심어줍니다. 그리고 부모가 먼저 자신의 그림을 지우지 않고, 완성되지 않은 선과 색을 있는 그대로 품어줄 때, 그 모습을 지켜보는 아이는 자연스럽게 자신도 그렇게 해도 된다는 신뢰를 배우게 됩니다.

"우리는 아이에게 길을 알려주려 하지만,
사실 그 길을 함께 찾아가는 중이다."

– 리처드 바크 *Richard Bach*

앙리 마르탱

\<마리\>

아이를 데리고 걷는 길에서, 부모의 무게를 보다

앙리 마르탱(Henri Martin) \<Marie\>

육아는 결국, 나를 키우는 시간

며칠 전, 한 엄마가 조심스럽게 말했다.

"사실, 요즘 내가 너무 부족한 사람처럼 느껴져요."

아이 앞에 서면 내가 미완성이라는 사실이 더 또렷해지고, 부족한 감정 조절과 예민한 반응, 끝없는 자기 자책 속에서 "내가 이렇게 흔들리면서 아이를 잘 키울 수 있을까요?"라는 질문이 자꾸만 올라온다고 했다.

그 질문을 듣는 순간 나는 오래전 보았던 한 그림이 떠올랐다.

앙리 마르탱의 〈마리〉

한 여인이 두 아이와 함께 서 있다. 아이들은 어머니의 옆에 나란히 혹은 살짝 뒤따르고 있었고, 그림 속 여인은 표정이 뚜렷하지 않았지만, 그 몸짓과 자세에서 이상하리만큼 깊은 정적과 결심이 고요하게 전해져왔다.

나는 이 그림 앞에서 한참을 머물렀다.

그리고 문득 '육아는 결국, 나를 키우는 시간'이라는 문장이 내 안에 조용히 떠올랐다.

"엄마는 매일 세상에 처음 오는 사람처럼 배운다."

아이를 낳고 기르며 우리는 아주 낯선 길 위에 서고, 하루 세 번의 식사도, 밤중 수유도, 아이의 감정 기복도 모든 것이 처음이고, 익숙하지 않고, 어렵고, 때로는 무섭기까지 하다. 그때 우리는 비로소 조금씩 깨닫는다.

'나는 이제 누군가를 지켜야 할 사람'이라는 사실을.

하지만 더 깊은 깨달음은 그다음에 온다. 지켜야 할 사람은 '아이'만이 아니라 그 아이를 지키기 위해 변해가는 '나 자신'이라는 것이다. 내가 무너지면, 내가 지치면, 아이를 품을 힘 또한 흐릿해진다는 것을 우리는 이 과정을 통해 조금씩 배워간다. 그래서 육아는 아이만 크는 시간이 아니라, 나도 함께 자라고, 나도 함께 배우고, 나를 지켜내며 살아가는 연습이기도 하다는 것이다.

아이의 울음 한 번에 쉽게 흔들리던 내가, 조금씩 단단해진다. 감정을 억누르기보다 '알아차리고 조절하는 법'을 배우고, 무조건 참기보다 '기다리고 품는 법'을 익힌다. 나의 목소리는 점점 낮아지고, 아이의 눈높이에 맞춰 무릎을 굽히는 일이 자연스러워진다.

아이와 함께 조금씩 자라는 나

그것은 나를 키우는 가장 깊고 묵묵한 여정이다. 실수하고 후회하고 다시 다짐하며, 그 안에서 조금씩 단단해지는 시간이다. 처음엔 아무것도 몰랐던 사람이 어느 순간 아이의 눈빛만 봐도 마음을 읽을 줄 알게 되고, 작은 상처에도 약을 챙기며 때로는 단호하게, 때로는 부드럽게 아이를 다독이는 존재가 된다.

그 변화는 결코 하루아침에 오지 않는다. 수많은 실패와 눈물, 자책과 후회 속에서 조금씩 자라나는 것이다. 그리고 그것은 오로지 그 여정 속에 있는 사람만이 알 수 있는 속도다.

'아이를 이끄는 발걸음, 그건 곧 나를 향한 여정'

그림 속 여인의 발걸음은 조심스럽지만 단단했고, 아이들의 걸음보다 반 발짝 앞서 있었으며, 어디로 가야 할지 몰라도 앞서 걸어야 하는 어른의 숙명이 그 안에 담겨 있었다. 그 길이 낯설고 때론 두려워도 '내가 먼저 걸어야 한다.'라는 마음으로, 우리는 그렇게 오늘도 또 한 걸음을 내디딘다.

사실 우리는 아이를 이끄는 듯하지만, 그 길은 결국 우리 자신을 향한 여정이기도 하고, 아이는 자라고 있지만, 정말 많이 자라고 있는 건 그 아이를 품고 지키는 우리 어른이다.

"나는, 나를 잘 키우고 있다."

그림 속 배경은 점묘화 기법으로 촘촘히 채워져 있고, 점 하나하나가 모여 세상이 되고, 풍경이 되어 있었듯이, 육아도 그렇다, 잠 못 이루던 밤, 울음을 달래던 새벽, 작은 칭찬 한마디에 미소 짓던 그 짧은 순간들이 하나하나 모여 '지금의 나'를 만들어가고 있다. 나는 그 엄마에게 조심스럽게 말했다, 당신은 부족한 존재가 아니고, 지금도 아이와 함께 자라고 있다. 실수하는 만큼 배우고, 흔들리는 만큼 단단해져 간다. 그림 속 여인처럼 묵묵히 하루하루를 지나고 있는 모든 이들에게 이 말이 조용한 위로가 되기를 바란다.

루이즈 에르드리치가 말했다.

"아이를 키운다는 건, 두 사람을 동시에 성장시키는 일이다."라고.

부모는 아이와 함께 자랍니다. 그 여정 속에서 스스로 다독이고 인정하는 마음이 무엇보다 중요합니다. 아이와 부모 모두를 성장시키는 가장 조용하면서도 강력한 기적이 되어줄 것이다. **아이와 함께 성장하는 당신은 충분히 좋은 부모입니다.**

부족함 너머 '자라는 나'를 위한 10가지 질문

Q1 요즘 내 마음속에서 가장 자주 떠오르는 말은 무엇인가요?

_____

_____

Q2 부족하다고 느낄 때, 나는 나 자신에게 어떤 시선을 보내고 있나요?

_____

_____

Q3 아이와 함께한 하루 중, 오늘 나를 가장 성장시킨 순간은 언제였나요?

_____

_____

Q4 최근 내가 '처음 겪는 감정'이라고 느꼈던 순간은 언제였고, 그때 나는 어떻게 반응했나요?

_____

_____

Q5 내가 아이에게 기대는 순간보다, 자신을 스스로 다그친 순간이 더 많았던 이유는 무엇일까요?

_____

_____

Q6 아이를 돌보느라 잊고 있었던 '내 안의 나'는 지금 어떤 말을 하고 있나요?

_____

_____

Q7 아이를 다독이듯, 나 자신도 그렇게 다독여준 적이 있었나요? 그때 어떤 기분이 들었나요?

_____

_____

Q8 나는 내 실수를 성장의 일부로 받아들이고 있나요, 아니면 결점으로 여기는 편인가요?

_____

_____

Q9 '나는, 나를 잘 키우고 있다.'라는 말을 오늘 스스로에게 해준다면, 어떤 감정이 올라오나요?

_____

_____

Q10 오늘의 이 점 하나(아주 작지만 분명한) 내 안의 변화는 무엇인가요?

_____

_____

내 마음의 나무 키우기
〈마리〉 '자라는 나'를 마주하는 치유 놀이

고요 속에서 피어나는 내 마음의 잎사귀 하나

준비물) 도화지, 색연필 또는 크레용, 가위, 풀, 감정 단어 카드(선택)

STEP 1   **오늘의 감정 씨앗 고르기**

먼저 질문 노트 Q1~Q4 중 한 가지를 아이와 함께 나눠보세요.

- "요즘 자꾸 떠오르는 말이 있니?"
- "처음 느껴본 감정이 언제였는지 기억나?"

그 감정을 씨앗처럼 하나 골라, 도화지에 작은 씨앗 그림을 그리며 그 위에 감정 이름을 적습니다.

- 불안, 기대, 서운함, 애틋함, 그리움

STEP 2   **감정이 자라면 어떤 나무가 될까?**

감정을 키우듯, 그 감정에서 자라날 '마음의 나무'를 상상해 보며 그려요. 줄기, 가지, 잎, 꽃… 부분마다 이런 질문을 던져볼 수 있어요.

- 줄기: "이 감정을 내가 어떻게 버텼는지"
- 가지: "이 감정이 나를 어디로 이끌었는지"

- 잎사귀: "오늘 알게 된 내 마음의 새로운 면"
- 열매: "내가 오늘 성장한 작고 분명한 한 가지"

STEP 3   자라는 나에게 편지 쓰기

나무 아래에 편지처럼 글을 씁니다. 부모도 아이도, 서로 다른 방식으로 자신에게 말을 건네보는 시간이에요.

- "부족해 보여도, 그건 자라고 있다는 뜻이야."
- "오늘도 애썼어. 잘하고 있어."
- "나는 내 속도를 믿어줘."
- "지금도 괜찮아. 그대로 괜찮아."
- "실수한 나를 탓하지 않고, 이해해 줘서 고마워."
- "오늘의 나는 어제보다 조금 더 다정해졌어."

STEP 4   우리 나무 나누기

아이와 부모가 그린 서로의 나무를 보여주고, 각자 느낀 감정과 변화의 포인트를 말로 나눠봐요.

- "엄마는 요즘 자꾸 '나는 아직 부족해.'라고 느꼈어. 근데 오늘은 그게 자라는 과정 같았어."
- "나는 오늘 친구한테 화냈는데, 그게 처음이라 무서웠어. 내 마음이 나도 낯설었어."

아이의 놀이가 나를 길러낸다.

우리는 종종 부족함을 탓하거나 고치려고만 합니다. 하지만 부족함은 잘못이 아니라, 변화가 시작되는 자리일 수 있습니다. 이 책에 담긴 작은 놀이와 질문들은 부모와 아이가 함께 '나는 아직 자라는 중이야.'라는 사실을 자연스럽게 받아들이고, 자신을 인정하는 자기 수용의 연습이 되어줍니다.

예민하고 조용한 감정들, 슬픔, 서운함, 두려움 같은 감정조차 억누르거나 부정하지 않고, 그 마음을 있는 그대로 바라보며 "그래, 그럴 수 있어."라고 긍정적인 자기 대화로 전환해 나가는 과정. 이 경험이 바로 감정 문해력(Emotional Literacy)을 키워가는 시간입니다.

〈마리〉 속 인물은 많은 말을 하지 않아도 그 조용한 눈빛과 자세만으로도 "지금의 너도 괜찮아. 너는 잘하고 있어. 너는 자라고 있어."라고 속삭여줍니다. 이 놀이와 질문들은 아이와 부모가 함께 서두르지 않고 고요하게 자신의 마음을 마주하는 시간을 열어줍니다.

'잘해야 사랑받는 나'가 아니라, '있는 그대로의 나'를 따뜻하게 안아주는 경험, 그 속에서 부모도 아이도 조금씩 변화하고, 성장하는 자신을 긍정적으로 받아들이게 되기를 바랍니다.

"감정을 숨기는 부모 밑에서
감정은 자라지 못한다.
표현하는 부모 밑에서
감정은 건강하게 자란다."

– 하임 기노트 *Haim Ginott*

에밀 뮈니에

<안아줄게요, 엄마>

마음의 고요한 떨림을 보다

에밀 뮈니에(Émile Munier) <Pardon Mama>

엄마, 아빠도 마음이 있어요

며칠 전, 한 엄마에게서 메일 한 통을 받았다. 짧고 조심스러운 문장으로 시작된 그 편지에는

"요즘 아이 감정에 공감하려고 애쓰다 보니, 정작 제 감정은 무시당하는 기분이에요."라는 문장이 담겨 있었다. 그 문장을 읽는 순간, 나는 가만히 숨을 고른 채 문장을 읽고 또 읽었다. 문장 속에는 말로 다 전해지지 않는 많은 감정이 숨어 있었기 때문이다. 지친 하루의 끝에서 간신히 짜낸 고백 같은, 한 사람의 진심이 고요하게 마음을 건드렸다. 그 엄마의 말에 마음이 머무는 동안, 문득 떠오른 그림이 하나 있었다.

에밀 뮈니에의 <안아줄게요, 엄마>

소파에 앉은 어머니와 어린 딸. 잠옷 차림의 딸은 금빛 곱슬머리를 흔들며 엄마의 무릎에 얼굴을 묻고 있다. 작은 팔로 엄마의 허리를 끌어안은 아이는, 울음을 참은 눈으로 용기 내어 말하고 있는 듯하다. "엄마, 미안해요." 어머니는 조용히 그 아이를 안아준다. 피로가 깃든 듯한 얼굴엔 살짝 지친 기색이 흐르지만, 아이의 품에서 전해지는 따뜻함에 위로받고 있는 듯한 미소가 번진다. 주름진 흰드레스와 따스한 색조의 배경은 장면에 정적인 안정감을 더하며, 두 사람 사이의 감정적 교류에 자연스럽게 시선을 모은다. 그 장면을 보고 있노라면 나는 그것이 단순한 일상의 한순간을 그린 것이 아니라 오늘날 수많은 부모의 초상 같다고 생각하게 된다.

이 장면은 단순한 사과의 순간이 아니다. 오히려 감정의 상호성, 위로의 흐름을 보여주는 순간이다. 아이는 엄마의 마음을 느꼈고, 그래서 다가간다. "엄마, 괜찮아?"라는 마음을 담아 품에 안기고, 엄마는 그 마음을 눈빛으로 받아들인다. "괜찮아, 네 마음이 전해졌어." 부모와 자식은 서로의 거울이 되어, 마주 보며 자란다. 때로는 부모가 아이를 안고, 때로는 아이가 부모의 마음을 안아준다. 그것이 바로 가족이라는 이름 아래 살아가는 우리의 모습이다.

우리는 어느새 '아이의 감정에 공감하라.'라는 말을 너무나 익숙하게 받아들이게 되었다. 육아서 곳곳에 적혀 있는 그 문장은 이제 육아의 기본 원칙처럼 여겨지고, 아이의 감정을 읽고 그것을 말로 표현해 주며 때로는 아이의 눈물과 떼, 분노와 짜증까지도 껴안아야 하는 일이 부모의 사랑이라는 이름 아래 당연한 의무처럼 자리 잡아 버렸다. 그 말 앞에서 우리는 아무런 의심도 없이 고개를 끄덕이고 사랑하는 부모라면 당연히 그렇게 해야 하는 것이라고 믿지만, 나는 문득, 그 질문을 내 마음 안에 조용히 던져본다.

그렇다면 부모의 감정은 누가 공감해 주는 걸까, 울고 싶을 만큼 힘든 날에도 꾹 참고 아이를 안아주는 그 마음, 화를 내고 싶지만, 아이가 다칠까 봐 말끝을 삼키며 참는 그 조심스러움, 온 마음을 다해 아이를 품어주려 애쓰는 그 모든 순간 속에서, 정작 부모 자신의 마음은 도대체 어디쯤 놓여 있는 걸까.

"지금은 아이가 먼저니까."
"나는 어른이니까 참아야지."

그런 말들로 자신을 달래며 감정을 뒤로 미루는 날들이 쌓이고 쌓이다 보면,

어느새 우리는 더 이상 자신의 감정을 꺼내 놓을 수 없는 사람이 되어버리고 사랑은 여전히 그 자리에 있는데도 그 사랑을 감싸는 마음은 너무 지쳐서 차가운 말, 깊은 한숨, 멍한 눈빛으로 아이를 대하게 되는 순간들이 찾아온다. 나는 그런 부모의 마음을 그림 속 엄마에게서 본다. 에밀 뮈니에의 인물들은 침묵 속에서도 감정을 말하고 있었고, 눈을 감고 있는 것도 아니고, 입을 굳게 다문 채 무표정한 것도 아니지만 그림자와 손끝과 살짝 기울어진 고개는 너무나 많은 이야기를 전하고 있었다.

나는 그 여인의 눈동자에서 지극히 사랑하지만 동시에 지쳐 있는 한 부모의 번아웃을 보았다. 사랑하지만 힘겹고, 버티고 있지만 쓰러질 것 같은 그 마음을 보았고, 어떻게든 괜찮은 척하며 하루를 버텨내고 있지만 정작 마음속 깊은 곳은 이미 오래전부터 비에 젖은 것처럼 축축하고 무거워져 있는 감정들을 읽었다.

그림 속 엄마는 아무 말이 없었지만, 나는 그녀가 얼마나 많은 말들을 마음속에 담아두었는지를 알 것 같았다, 그 말은 아마 이런 뜻이다.

"나도 지쳤어요."
"나도 위로받고 싶어요."
"내 감정도, 누군가 알아줬으면 좋겠어요."

그리고 나는 그 고백이 얼마나 용기 있는 외침인지, 얼마나 많은 부모들이 그 한마디를 마음속 깊은 곳에 삼켜 두고 살아가고 있는지 그 모든 마음을 오래도록 생각했다.

부모의 감정을 돌보는 법

우리는 종종 착각한다.

아이에게 나약한 모습을 보이면 안 된다고, 부모는 언제나 단단해야 하고, 감정을 숨기는 것이 성숙함이라고 믿는다. 하지만 나는 오히려 그렇게 감정을 숨기고 참고 외면하는 일이 부모를 더 힘겹게 만들고, 더 쉽게 지치게 만든다고 믿는다. 부모도 감정이 있다. 슬플 땐 울고 싶고, 아플 땐 쉬고 싶고, 지쳤을 땐 조용히 혼자 있고 싶을 때가 있다. 그리고 그런 마음을 표현해도 괜찮다. 그건 부족한 것이 아니라, 오히려 아주 건강한 일이다.

"엄마는 오늘 좀 지쳤어."
"아빠도 속상한 일이 있었어."

그 솔직한 고백을 아이에게 털어놓는 일이 혹시 상처가 되지 않을까 걱정하는 부모들이 많지만, 나는 오히려 그 말 한마디가 아이에게 감정을 인정하고 표현하는 법을 가르쳐주는 가장 소중한 기회가 된다고 믿는다. 감정을 숨기기보다 그 감정을 있는 그대로 바라보고 받아들이는 것, 부정하거나 눌러두기보다 그 감정을 이름 붙이고 말해보고, 어디쯤에서 그 감정이 나를 흔들고 있는지 알아차리는 일, 그게 감정을 돌보는 첫 번째 시작이다. 예를 들어, 마음이 지칠 때는 스스로에게 이렇게 물어볼 수 있다.

"지금 내 마음은 어떤 색깔이지?"
"어떤 감정이 가장 크게 느껴지지?"

그리고 그 마음을 있는 그대로 한 번 그려보거나, 종이에 적어보거나, 깊게 숨을 들이마시며 잠시 눈을 감고 그 감정에 자리를 내어주는 것. 때로는 고요하게 앉아 나의 심장 소리를 듣고, 몸에 쌓인 긴장을 느끼며 어깨와 목, 손끝을 부드럽게 이완시켜 주는 것만으로도 내 감정은 조금씩 숨을 쉴 공간을 얻게 된다. 마음이 복잡할 때는 차 한 잔을 천천히 마시며, 그 온기가 내 안에 퍼지는 것을 느끼고, 자신에게 이렇게 다정하게 말해줄 수 있다.

"나는 지금 지치고 있지만, 그럼에도 잘하고 있어."

감정을 돌본다는 건 거창한 일이 아니다. 그저 나의 감정을 들여다보고, 그 마음을 부끄러워하지 않고, 때로는 믿을 수 있는 누군가에게 털어놓고, 때로는 스스로에게 따뜻하게 말을 건네며 그 감정이 흘러가도록 기다려주는 일이다. 부모가 그렇게 살아갈 때, 아이도 자기감정을 부끄러워하지 않고 솔직하게 마주하는 법을 배우게 되고, 그건 결국 세상과 건강하게 연결되는 힘이 된다.

요즘 유행하는 질문이 있다. MBTI에서 T와 F를 구별하는 방법이라며, "나 슬퍼서 빵 사 왔어."라는 말에 어떻게 반응하는지를 보면 알 수 있다고 한다. 며칠 전, 동생 부부가 실제로 아들에게 이 질문을 해보았다고 전해왔다. "엄마, 슬퍼서 빵 사 왔어."라고 말했더니, 세 살 된 조카가 주저 없이 이렇게 말했다고 한다.

"안아줄게."

그 한마디가 어찌나 따뜻하던지, 동생은 "유찬이 F인가봐."라며 테스트의 흥미로움을 전해왔고, 나는 그 이야기에 절로 미소가 지어졌다. 그 소식을 듣고 나는 오래 생각하게 되었다. 엄마도, 아빠도, 부모도 위로받으며 함께 살아가야 한다는 사실. 그리고 아이에게는 이미 그런 따뜻한 마음이 있다는 사실. 우리는 그저 그 마음이 자연스럽게 흘러나올 수 있도록 조심스럽게 물꼬를 터주기만 하면 된다. 아이를 돌보느라 나 자신을 잊고 살아가는 일이 당연해져 버린 많은 부모, "나도 오늘 힘들었어.", "나도 속상해."와 같은 감정을 표현하고 위로받을 자격이 있다. 그 권리를 스스로에게 허락하는 일, 그것이 바로 아이와 부모가 서로를 더 깊이 이해하며 함께 살아가는 첫걸음이 될 수 있다.

엄마가 슬퍼서 빵을 사 왔다는 말에 "무슨 빵 사 왔어?"가 아니라 "안아줄게." 라고 말해주는 그 마음, 그 작은 품 안에 이미 위로의 모든 답이 들어 있음을 나는 배웠다. 부모도 감정을 표현할 수 있어야 하고, 아이도 부모의 감정을 알아주고 함께 나눌 수 있다는 것, 그렇게 서로의 마음을 숨기지 않고 나누며 살아가는 일이 우리가 함께 자라는 가장 아름다운 방식이라는 것을 나는 조카의 한마디에서 다시금 배운다.

브레네 브라운은 말했다,
"감정을 나누는 건 약함이 아니라 용기입니다."라고.

감정을 나누는 솔직한 당신은, 충분히 좋은 부모입니다.

사랑하지만 텅 빈 부모 마음을 위한 10가지 질문

Q1 오늘 나는 아이의 감정을 얼마나 들여다보았나요? 그리고 내 감정은 어디쯤 있었나요?

_____

_____

Q2 아이 앞에서 '괜찮은 척' 숨겨 두었던 내 마음은 어떤 모습이었을까요?

_____

_____

Q3 마지막으로 '나도 지쳤어.'라고 말했던 순간은 언제였나요?

_____

_____

Q4 나는 내 감정을 솔직하게 표현할 수 있는 사람이 되어주고 있나요?

_____

_____

Q5 '부모이기 때문에 참아야 한다.'라는 말 아래, 나는 얼마나 나를 무시하며 살았나요?

_____

_____

Q6 누군가 내 마음을 '그럴 수 있지.'라며 가만히 안아준다면, 어떤 감정이 가장 먼저 떠오를까요?

_____

_____

Q7 내가 사랑하는 만큼, 나도 누군가에게 따뜻하게 사랑받고 있나요?

_____

_____

Q8 아이의 감정을 먼저 안아주기 전에, 나는 내 감정을 얼마나 자주 돌아보고 있나요?

_____

_____

Q9 '감정을 나누는 건 약함이 아니라 용기'라는 말이 지금 내게 어떤 울림으로 다가오나요?

_____

_____

Q10 지금, 이 순간, 내 마음에 해주고 싶은 말이 있다면 무엇인가요?

_____

_____

텅 빈 컵, 마음으로 채우기

〈안아줄게요, 엄마〉 마음 채우기 미술 놀이

사랑하면서도 텅 빈 나에게 건네는 조용한 안부

준비물) 도화지, 색연필, 마커, 컵 모양 틀(혹은 손으로 그려도 OK), 색종이, 가위, 풀

STEP 1 마음 컵 그리기

부모와 아이 각각 도화지에 빈 컵 모양을 그리고, 그 안을 오늘 하루 느낀 감정들로
채워봅니다.

- "오늘 엄마 컵 안엔 이런 감정이 들어 있었어. 피곤함, 조용한 외로움, 그리고 아이가
  웃을 때 느낀 따뜻함."
- "너는 오늘 어떤 마음이 컵 안에 있었어?"

감정은 색이나 단어, 혹은 상징(하트, 번개, 물결 등)으로 표현해도 좋아요.

STEP 2 나를 위한 따뜻한 채움

이제 컵 바깥쪽에 자신에게 해주고 싶은 따뜻한 말을 써보거나, 색종이를 잘라 붙이
며 마음을 감싸는 문장을 꾸며보아요.

- "괜찮아, 너는 정말 애썼어."
- "사랑하면서도 지칠 수 있어. 그건 자연스러운 일이야."

- "너도 사랑받아야 해."

STEP 3 서로의 컵 나눠보기

부모와 아이가 서로의 컵을 보며 오늘의 감정을 공유하고, 이렇게 말해 봐요.

- "네 컵에 있는 이 색, 엄마도 오늘 느꼈어."
- "너의 컵이 너무 무거워 보일 땐, 내가 조금 덜어줄게."

STEP 4 비워지는 게 아니라, 다시 채워지는 중

마지막으로 도화지 아래에 짧은 문장을 적어 마무리합니다. 오늘 나의 감정 컵을 인정하는 한 줄 메시지예요.

- "나는 지금, 다시 채워지는 중이에요."
- "텅 빈 것 같지만, 그 안에 사랑이 자라고 있었어요."
- "오늘의 나도 충분히 괜찮아요."

성장하는 놀이, 자라는 마음

감정을 표현하는 일이 서툴러서, 나도 모르게 마음을 눌러두고 참아온 부모들이 많습니다. 아이에게 솔직해지기 전에, 무엇보다 먼저 '나 자신에게 솔직해지는 법'을 배우는 연습이 필요합니다.

이 활동은 아이를 위한 놀이인 동시에, 사실은 그동안 표현하지 못했던 부모 자신의 마음을 정서적으로 복원해 주는 시간입니다. '나는 아이를 사랑하지만, 나 또한 사랑받아야 할 존재다.'라는 단순하지만, 중요한 사실을 다시 마음속에 새기게 됩니다.

〈안아줄게요, 엄마〉라는 그림 속에는 말로 다 전하지 못해도, 그 자리에 머무는 마음만으로도 위로가 될 수 있다는 것. 서툰 말 대신 머뭇거리는 손짓, 피곤한 눈빛 속의 미소, 그리고 아무 말 없이 안아주는 순간이 오히려 더 깊은 사랑의 표현이 될 수 있음을, 이 그림은 고요하게 전하고 있습니다.

이 그림 앞에서 놀이를 진행하며 아이와의 대화 속에 나 자신의 감정도 함께 들여다보세요. 억눌러 두었던 마음 한구석이 조금은 가벼워지고, 비워졌던 마음에 작고 따뜻한 빛 한 줄기가 스며들 수 있을지도 모릅니다. 이 시간은 아이만이 아니라, 부모인 당신의 마음도 돌보는 소중한 회복의 시간이 되어줄 것입니다.

"감정을 억누르는 것이 조절이 아니다.
그 감정을 알아차리고 이해하고,
다른 언어로 표현하는 법을 배우는 것이
진짜 감정 조절이다."

– 존 가트맨 *John Gottman*

윌리엄 아돌프 부게로

<사랑의 속삭임>

천사 속삭임에 비친 불완전한 사랑을 보다

윌리엄 아돌프 부게로(William-Adolphe Bouguereau) <Whispers of Love>

화를 내고 또 후회하는 나에게

며칠 전, 한 엄마에게서 메시지를 받았다. 짧지만 마음을 울리는 문장이었다. "어젯밤에도 아이에게 소리를 질렀어요. 미안해서 잠이 안 오더라고요. 이렇게 감정 조절이 안 되는 사람이 엄마라니, 아이한테 너무 미안해요."

그 문장 속에는 하루를 겨우 견디고도 남는, 눌려버린 감정이 고스란히 담겨 있었다. 육체적인 피로는 물론, 감정적으로도 벼랑 끝에 선 채 버텨야 했던 그녀의 하루가 그 안에 있었다.

버거움과 분노, 자책과 후회

그리고 그 모든 감정을 애써 밀어내고 참아낸 끝에도 여전히 남아 있는, '누구보다 아이를 사랑하고 싶은 마음'까지도. 어쩌면 가장 지친 순간에도 끝끝내 포기하지 못하는 그 마음이야말로, 부모라는 이름 아래 우리가 매일 품고 살아가는 가장 솔직하고 가장 아름다운 진심일지도 모른다. 그 문장은 짧았지만 오래도록 가슴을 두드렸다. 하루를 겨우 버텨낸 끝에서 쏟아진, 어쩌면 자기 자신에게조차 선뜻 고백하기 어려웠던 진심. 그 안에는 고단한 몸보다 더 지친 마음, 아무에게도 말하지 못한 죄책감, 그리고 누구보다 아이를 사랑하고 싶은 간절함이 고스란히 담겨 있었다.

그녀의 메시지를 읽고 한동안 멍하니 앉아 있었던 나는 곧 부게로의 한 그림을 떠올렸다. 사랑의 속삭임.

고요한 숲속, 순백의 드레스를 입은 소녀는 고개를 기울인 채 조용히 천사의 속삭임을 듣고 있다. 그 순간, 문득 이런 상상을 해보게 된다. 이 천사는 아이가 아니라 지친 우리에게 찾아온 수호천사일지도 모른다. "괜찮아요. 당신의 사랑은 여전히 전해지고 있어요."라고 속삭이며 무너진 마음을 토닥이고 있는 것은 아닐까.

육아란 어쩌면 그런 것이다.
한없이 사랑스러운 아이를 바라보다가도 금세 한계에 다다라 소리를 지르게 되는 일. 그리고 그 감정을 조절하지 못한 자신에게 뒤돌아 눈물을 훔치는 일. 부모의 마음은 사랑과 분노가 뒤섞인 채 날마다 천천히 가라앉았다가 다시 일어서는 반복의 연속이다.

천사의 귓속말에 귀를 기울이는 그림 속 소녀처럼, 우리는 때때로 조용한 밤, 아이가 잠든 침실 옆에 앉아 스스로 내면에 들려오는 미세한 감정의 소리에 귀를 기울인다. 그리고 그 속에서 들리는 작고 조용한 한마디.
"너는 이미 충분히 좋은 부모야."
그림 속 소녀는 육아에 지쳐 있는 우리 자신의 모습이기도 하다. 내 안에 있는 작은 지친 소녀. 항아리를 안고 있는 듯한 무게감을 짊어진 채, 누군가의 위로에 귀를 기울이는 순간. 이 장면은 사랑과 책임 사이에서 매일 흔들리는 부모의 마음을 은유적으로 보여준다. 우리는 그렇게 양가적인 감정을 동시에 끌어안은 채 하루하루를 견뎌낸다.

어떤 날은 모든 것이 완벽하게 느껴지고, 또 어떤 날은 아무리 노력해도 부족하다는 자책에 휩싸인다. 그러나 그 모든 날에 공통으로 흐르는 것은 하나다. 아이를 사랑하는 마음. 그 마음이 있다면, 분노도 후회도 모두 결국 사랑의 또 다른 언어일 뿐이다.

'나는 왜 또 참지 못했을까.'
'오늘은 정말 그러지 않으려 했는데.'

그런 후회의 문장을 반복하며 자신을 책망하고 다음 날 아침, 아이의 얼굴을 보며 더 깊은 죄책감을 느낀다. 나는 한동안 '화를 내면 안 된다.'라는 믿음 속에 살았다. 감정을 조절하는 그것이 곧 좋은 부모라는 말을 믿었고, 감정은 되도록 드러내지 않는 것이 어른스러움이라고 여겼다. 그래서 화가 나도 꾹 참고, 억지로 웃고, 때로는 감정이 치밀어오를 때마다 '괜찮다.'라는 말을 되뇌며 마음을 달랬다. 하지만 억누른 감정은 그저 사라지는 것이 아니었다. 그것은 천천히 축적되고 쌓이고 어느 날 아주 사소한 계기로 폭발했다. 누군가의 말 한마디에, 아이가 흘린 물 한 방울에, 그러나 그건 진짜 원인이 아니었다. 이미 오래전부터, 내 안에 쌓여 있던 감정들이 더는 그 자리를 버티지 못해 스스로 문을 열고 터져 나온 것이었다.

나는 부게로의 그림 앞에 오래 머물렀다. 소녀의 평온한 얼굴을 바라보며, 사랑은 때로 조용한 속삭임이 되어 부모의 내면을 어루만진다는 것을 다시금 느꼈다. 그림 속 천사는 아이러니하게도 큐피드가 아닌 상처 입은 어른에게 사랑과 용서를 건네는 존재였다.

감정을 다루는 연습

화를 내는 그 순간 우리는 두 가지 선택의 기로에 선다. 느끼는 감정을 있는 그대로 인정할 것인가 아니면 그것을 억누를 것인가. 화는 늘 가장 마지막에 드러나는 감정이다. 그 앞에 쌓여 있는 감정들이 있다. 피로, 억울함, 서운함, 외로움, 기대, 실망, 두려움 등의 감정들이 오랜 시간 무시되고, 외면되다 보면 결국 '화'라는 이름을 빌려 얼굴을 드러낸다.

그리고 나는 또 하나의 그림을 떠올렸다.

노먼 록웰(Norman Rockwell)의 오래된 한 작품, 〈듀이 대 트루먼〉. 어느 날 아침의 식탁. 식탁에는 부부가 마주 앉아 있다. 한 사람은 신문을 흔들며 격하게 말하고, 다른 한 사람은 신문을 움켜잡은 채 날 선 눈빛으로 남편을 응시하고 있다. 그 장면은 말보다 침묵이 더 크게 울리는 풍경이었다. 하지만 그보다 더 마음을 흔드는 건 식탁 아래였다. 줄무늬 멜빵바지를 입은 아이가 곰 인형을 안고 조용히 울고 있었다. 작은 몸짓으로 아침의 공기를 전신으로 받아내고 있는 그 아이는, 말없이도 너무 많은 이야기를 전한다.

곰 인형을 끌어안고 조용히 울고 있는 아이.
그 아이를 보며 깨닫는다. 우리는 모두 한때 저 아이였다. 소리 없는 다툼 속에서 부모의 감정을 고스란히 감지하고, 화해하지 않는 침묵이 주는 두려움을 배웠으며, 어쩌면 나 때문일지도 모른다는 생각으로 마음 한구석을 눌러왔던 아이였다. 그리고 시간이 흘러, 그 아이는 어른이 되었다. 이제는 화를 내는 쪽에 서서, 같은 실수를 반복하며 울고 있는 아이를 지켜보고 있다. 그렇게 우리는 부모가 되었고, 동시에 여전히 내면에 어린아이를 품고 살아간다.

내가 감정을 억누르고 참기만 했을 때, 그 감정은 사라지지 않았다. 오히려 천천히 쌓여가며 결국은 전혀 다른 이름으로 터져 나왔다. 소리 하나, 물 한 방울, 사소한 실수가 마침내 그 뚜껑을 열어버렸다. 분노란 언제나 마지막에 도착하는 감정이었다. 그 앞에는 피로와 서운함, 억울함, 두려움이 오래도록 눌려 있었다.

노먼 록웰의 그림 속 아이는 아무 말도 하지 않지만, 그 자리에 있는 어른들의 감정이 어떻게 아이에게 전해지는지를 가장 선명하게 보여준다. 그러니 감정을 다룬다는 건 결국 누군가를 덜 다치게 하려는 선택이 아닐까? 화를 참는 것이 아니라, 화를 이해하고 화를 표현할 언어를 배워가는 일, 그게 우리가 지금 해야 할 진짜 감정 조절이라는 생각이 든다.

감정 조절의 시작은 조절이 아니다. 그 시작은 이해다. 내가 지금 어떤 감정을 느끼고 있는지, 그 감정 안에는 어떤 기억과 어떤 마음이 함께 섞여 있는지를 천천히 들여다보는 일이다.

'이건 화야.'라고 단순하게 이름 붙이는 것을 넘어서, '이 화는 어디서부터 왔을까?', '나는 왜 이렇게 예민해졌을까?', '이 속상함 안에는 어떤 두려움이 숨어 있을까?' 그렇게 조심스레 서두르지 않고 내 마음을 물어보는 일이다.

감정을 억누르거나 없애려 하지 않고, 그저 그 자리에 잠시 멈춰 서서, 그 마음을 알아보고, 이름 붙이고, 이해하려 애쓸 때, 비로소 우리는 조금 더 부드럽게 그 감정을 품어줄 수 있다.

그리고 그렇게 나의 감정을 하나하나 이해하고 받아줄 수 있을 때, 비로소 우리는 아이에게도 따뜻하게 다가갈 수 있다. 아이의 울음과 짜증과 분노 앞에서, 그 감정의 말 없는 배경을 읽어낼 수 있는 마음이 열린다.

아이에게 다가가기 전에, 먼저 나 자신에게 말을 걸어줄 수 있는 사람, '나는 지금 어떤 마음이지?', '나는 왜 이렇게 힘들었지?' 그 질문을 스스로에게 던질 수 있는 사람이 진짜로 강한 어른이다. 그 아침 식탁은 어쩌면 전쟁터였다. 감정이 격하게 부딪히고 말이 서로를 찌르고 그 사이에서 아이는 자신의 자리도 없이 울고 있었다. 하지만 나는 희망이 있다고 믿는다. 감정을 들여다보는 용기를 가진 사람이라면 감정이라는 이름의 식탁 위에서 다시 대화를 시작할 수 있으리라. 그러니 화를 낸 나 자신을 조금은 다정하게 바라보자. 실패했다고 느끼는 그 순간에도 사실은 '내가 아이를 사랑한다.'라는 증거가 남아 있다. 그 후회와 자책조차도, 사랑의 또 다른 얼굴이다.

틱낫한(Thich Nhat Hanh)은 말했다.

"화가 날 때, 가장 먼저 해야 할 일은 상대를 다그치는 것이 아니라 내 안에 있는 상처 입은 나를 다정하게 바라보는 것이다."라고. 그리고 그 마음을 안고 우리는 다시 시작할 수 있다.

자신의 감정을 들여다볼 줄 아는 그 용기만으로도 당신은 이미 충분히 좋은 부모입니다.

화를 내고 후회한 당신을 위한 10가지 질문

Q1 오늘 하루, 나는 어떤 감정으로 가장 많이 채워져 있었나요?

_____

_____

Q2 아이에게 화를 내기 전, 내 안에는 어떤 감정이 먼저 있었는지 기억나시나요?

_____

_____

Q3 나는 내 감정을 얼마나 자주 '괜찮다.'라며 눌러왔나요?

_____

_____

Q4 최근에 "이제 제발 나 좀 봐줘."라고 외치고 싶을 만큼 힘들었던 순간이 있었다면, 언제였나요?

_____

_____

Q5 화가 났던 그날, 내가 정말 원했던 건 무엇이었나요?

_____

_____

Q6 　감정을 억누르는 것과 감정을 다루는 것의 차이를 나는 어떻게 느끼고 있나요?

_____

_____

Q7 　아이 앞에서 감정을 터뜨린 나를, 나는 어떻게 바라보고 있나요?

_____

_____

Q8 　지금 내 안에 쌓여 있는 '말이 되지 못한 감정'은 무엇인가요?

_____

_____

Q9 　'아이에게 가기 전, 먼저 나에게 말을 걸라.'라는 말이 나에게 어떤 의미로 다가오나요?

_____

_____

Q10 　오늘, 그 감정으로 힘겨웠던 나에게 해주고 싶은 다정한 한마디는 무엇인가요?

_____

_____

감정 온도계 그리기
〈사랑의 속삭임〉 감정 다루기 미술 놀이

화를 냈던 나도, 감정을 배우는 중이야

준비물) 도화지, 색연필 또는 사인펜, 자, 감정 단어 스티커(선택), 감정 카드

- -

STEP 1 오늘의 감정, 몇 도였을까?

도화지에 온도계 모양을 그립니다. 0도에서 100도까지 눈금을 나누고, 하루 동안 느꼈던 주요 감정을 온도로 표현해 보는 거예요.

  – 분노 85도, 슬픔 40도, 외로움 65도, 안도감 25도

아이도 함께해 볼 수 있어요:

  – "오늘 속상했을 때는 몇 도였어?"
  – "기뻤을 땐 몇 도였을까?"

STEP 2 감정 뒤에 숨은 진짜 마음 찾기

감정 온도계에서 가장 높았던 감정 하나를 고르고, 그 감정 뒤에 숨겨진 마음을, 질문을 통해 탐색해 봅니다.

Q2. 화를 내기 전, 내 안에는 어떤 감정이 있었나요?

- "사실은 서운했어요."

Q5. 내가 정말 원했던 건 무엇이었나요?

- "누군가 내 마음 좀 알아봐 주기를…"

그 감정을 작은 말풍선 그림 안에 적어 온도계 옆에 붙입니다. 이건 '진짜 마음 스티커'예요.

STEP 3 나를 다정하게 바라보는 연습

오늘의 감정 온도계를 다시 바라보며, 자신에게 따뜻한 한마디를 적습니다. 아이도, 부모도 각자의 방식으로요.

- "이 정도 화는 괜찮아. 마음이 너무 힘들었잖아."
- "넌 감정을 배우는 중이야. 괜찮아."

STEP 4 내 감정의 안전 버튼 만들기(선택 활동)

온도계 아래에, 감정이 너무 높아졌을 때 사용할 수 있는 '마음의 안전 버튼'을 하나 그려 넣습니다.

- 멈춤, 숨쉬기, 물 한 잔, 좋아하는 말, 포옹

소란한 하루 속, 함께 웃은 기억 한 조각

감정은 억누르거나 참아야 할 대상이 아닙니다. 감정은 이해받고 돌봐야 할 우리 안의 신호입니다. 이 활동은 아이뿐만 아니라, 아이 앞에서 실수하고, 화내고, 후회하는 부모도 '나 역시 감정을 다뤄가는 존재'라는 사실을 스스로 인정하고 받아들이게 해줍니다. 화가 났던 그 순간을 돌아볼 때 '나는 왜 그랬을까?'라는 자책으로 빠지기 쉽지만, 이 놀이 속 질문들은 그 방향을 살짝 틀어줍니다. '왜 그랬을까?'가 아니라, '내 안에 어떤 감정이 있었을까?', '그 감정은 나에게 무엇을 말해주려 했을까?'라는 이해의 언어로 나아가는 연습입니다.

윌리엄 부게로의 〈사랑의 속삭임〉처럼, 때로는 사랑 안에서도 상처와 갈등이 스며들지만, 정말 중요한 것은 그 상처를 품은 채로도 다시 서로에게 다가갈 수 있는 마음입니다. 완벽하지 않아도, 늘 다정하지 못해도, 우리는 다시 사랑을 속삭일 수 있습니다. 작은 귓속말처럼 조심스럽게, 그러나 진심을 담아 건네는 그 마음이 결국 우리를 다시 이어줍니다.

이 활동이 '화를 낸 나도 괜찮다.', '나는 다시 연결할 수 있다.'라는 다정한 시작이 되기를 바랍니다. 부모와 아이 모두가 완벽하지 않아도 괜찮다고, 그렇기에 우리는 함께 배워가고 있다고, 서로에게 말해줄 수 있는 시간이 될 것입니다.

"행복은 이미 있는 것을
감사히 여길 때 시작됩니다."

– 달라이 라마 *Dalai Lama*

PART III

명화 속에서 다시 나를 만나다

<정원에서의 낮잠>

아무 일 없는 날이 주는 은근한 위로를 보다

호아킨 소로야(Joaquin Sorolla) <La siesta en el jardin>

'그냥 그런 하루'가 우리를 살게 한다

며칠 전, 한 엄마와 대화를 나누던 중 문득 그녀의 입에서 이런 말이 흘러나왔다.

"하루하루가 그냥 비슷비슷하게 흘러가요. 특별할 필요도 없고, 자랑할 일도 없고… 그냥 그저 그래요."

그녀는 담담하게 말했지만, 그 목소리 속에는 무언가 허전한 울림이 낮은 메아리처럼 오래도록 마음에 남았다. 아무 일도 일어나지 않은 하루를 '별일 없었으니 다행이다'라고 여기기보다는, '별거 없었던 하루를 보낸 나'로 축소 시켜 버리는 마음. 그 마음속에는 '나는 특별해야만 한다.'라는 조급함이 숨어 있었다. 부모가 된 우리는 종종 그런 기준에 자신을 맞추려 애쓴다. 아이에게 특별하고 의미 있는 무언가를 해줘야만 '좋은 부모'라는 자격을 갖추는 것처럼 느끼기도 한다. 그러다 보면 별일 없이 흘러간 하루는 감동도, 성취도, 기록할 가치도 없는 '그냥 그런 날'로 치부되곤 한다.

하지만, 정말 그럴까?

어느 날 문득 마주한 호아킨 소로야의 그림 한 점이 내 마음을 붙잡았다. 바로 1904년 작, <정원에서의 낮잠>

한여름 정원, 덩굴이 늘어진 그늘 아래에서 나른한 오후를 보내는 두 소녀의 모습. 평범한 날, 별다른 사건 없이 흘러가는 시간 속에서 그저 잠시 쉬고 있는 아이들. 그 모습은 너무도 자연스럽고, 조용하며, 별다를 게 없어 보였다. 그러나 오래 바라보면, 그 속에 흐르는 깊고 고요한 정서가 가슴을 두드린다. 그림 속 두 소녀는 소로야의 딸들이었다. 해먹 같은 의자에 기대어 나른하게 시간을 흘려보내는 이 장면은 마치 스냅사진처럼 담담하면서도 애틋하다. 푸른 정원, 밝은 햇살, 드문드문 드리워진 그늘, 그리고 하얀 드레스를 입은 두 딸. 그것은 단지 아이들의 초상이 아니라, 사랑하는 이와 함께 보낸 평범한 오후에 대한 찬미였다.

우리는 종종 무엇인가를 해야 하고, 무엇인가를 남겨야 한다고 생각한다. 하지만 소로야는 그저 살아내는 순간 자체가 얼마나 아름다운지를 보여준다. 아이들과 정원에서 잠시 마주 앉아 나른하게 눈을 감고 있는 그 시간, 바로 그 시간 속에 특별함이 숨겨져 있는 것이다. 그것은 무언가를 하지 않아도 괜찮은 순간, 존재 자체로 충분한 시간이었다.

그림을 바라보다 보면, 문득 그런 생각이 들었다. 우리를 살아가게 하는 힘은 대단한 사건이 아니라, 마음이 따뜻하게 연결된 어떤 기억 한 줄기일지도 모른다.

고려대학교 민철홍 교수는 강연 중 이런 이야기를 꺼낸 적이 있다. 어린 시절, 아버지가 어느 날 문득 이렇게 말씀하셨다고 한다.

"철홍아, 수박을 한번 그리자!"

그날 두 사람은 함께 들판으로 나갔고, 붓과 물감을 꺼내 놓고 수박을 바라보며 그림을 그렸다. 그 시간은 그저 한낮의 소소한 놀이처럼 지나갔지만, 세월이 흐른 지금, 그 기억은 교수의 마음에 가장 따뜻한 장면으로 남아 있다고 하셨다.

그 시간은 그저 한낮의 소소한 놀이처럼 흘러갔지만, 세월이 흐른 지금, 그 장면은 교수님의 기억 속에 가장 따뜻하고 평화로운 순간으로 남아 있다고 하셨다.

또 다른 날, 겨울밤. 어린 교수님은 아버지와 함께 산에 올라가 눈 덮인 나무들 사이를 헤매며 크리스마스 트리에 쓸 나무를 골랐다.

"철홍아, 나무를 잘라라!"

차가운 공기 속에서도 두 사람의 숨결은 따뜻했고, 아버지와 함께 조심스럽게 나무를 베어 집으로 돌아와 함께 전구를 감고, 작은 장식을 하나씩 매달았을 것이다. 트리를 꾸미는 동안 아버지의 손길과 말투, 그 조용한 기쁨이 온전히 마음에 새겨졌을 것이다.

그 순간들은 특별한 장소도 아니었고, 거창한 이벤트도 없었다. 하지만 그 안에는 함께 웃고, 함께 바라보며, '연결된 느낌'이 있었다. 때론 말 한마디, 붓 하나, 눈 내린 산길 한걸음이 오히려 더 깊은 정서의 기억으로 남는다. 아이의 마음속에 오랫동안 남는 건 '함께한 시간의 감정'이라는 진실을 교수님의 추억 속에서 다시 배울 수 있었다.

소로야의 정원도 바로 그런 장면이었다. 화가는 인물을 강조하기보다 공간과 공기, 감정을 품은 분위기 전체를 담았다. 마치 '기억 속 한 장면처럼'. 그 순간은 사라졌지만, 감정은 오래 남는다.

우리가 흔히 놓치는 것. 그것은 바로 이런 '그냥 그런 하루'들이다. 어떤 자극도 없는 날, 오히려 가장 깊이 마음에 새겨지는 사랑의 온도가 존재하는 시간. 실제로 아이들과 지내다 보면, '엄마, 오늘 참 좋았어.'라는 말을 듣는 날은, 꼭 특별한 이벤트가 있었던 날만은 아니다. 오히려, 밥을 같이 먹고 산책하며 대화 나눈 평범한 오후가, 아이의 말끝에서 특별함을 입고 되살아난다.

"엄마, 오늘 나랑 산책해서 진짜 좋았어."
"엄마랑 김밥 먹으면서 얘기했던 거 재밌었어."
"그때 같이 자전거 탔던 거 기억나?"

그 말들을 들을 때마다 나는 마음속에 소로야의 정원을 펼쳐놓는다. 아무 일도 없었던 듯한 날이, 사실은 가장 큰 감정의 결이 새겨진 하루였다는 것을. 그리고 그런 기억들이 아이의 마음을 지켜 주고, 그 삶의 방향을 만들어주고 있다는 걸 다시금 깨닫는다.

'별일 없었던 하루'를 어떻게 기억하고 있나요?

햇살이 비추는 마당, 나무 그늘 아래 잠시 앉아 있는 그 아이처럼, 우리도 언젠가 인생의 무게 속에서 흔들릴 때, 다시 돌아와 쉴 수 있는 기억이 그런 날의 한 장면일지 모른다.

바로 오늘이 그런 날일지도 모른다.
별일 없고, 조용하며, 평범한 날.

그런 나날 속에 누군가의 마음을 지켜 주는 감정의 온기가 담겨 있다면, 그 하루는 이미 삶을 떠받치는 기둥이 되어 있을 것이다. 소로야의 붓끝에서 잉크처럼 번지는 정원의 햇빛과 그림자처럼, 우리 삶의 하루하루도 그렇게 스며들고 남는다. 우리는 매일 살아간다. 때로는 특별하고, 때로는 너무 평범해서 자신의 하루를 아무 의미 없는 것으로 취급하고 만다. 하지만 어쩌면 진짜 특별함은 늘 그렇게 평범함의 얼굴을 하고 우리 곁에 다가온다.

호아킨 소로야는 평범한 하루를 영원한 감정으로 바꾸는 화가다. 그는 특별한 사건 없이도 인생의 무게를 그림에 담았다. 그림 속 두 딸처럼, 나른한 오후에 잠시 눈을 감는 순간을 포착하며 그 무엇보다 큰 이야기를 남겼다. 그리고 우리도 그렇게 살아내고 있다. 어쩌면 오늘 하루가 당신 아이에게도 오래 기억될 수 있다. 그냥 엄마와 함께 앉아 귤을 까먹던 그 순간, 아빠와 함께 도란도란 걸었던 그 골목길, 혹은 이불 속에서 "잘 자"를 속삭이던 그 밤. 별일 없는 하루. 하지만 그것이 인생을 지탱하는 기억의 기둥이 되는 순간.

그러니 오늘도, 그저 그런 하루 속에 숨겨진 작은 기쁨을 찾아보세요.

평범한 일상 속 작은 행복들

제주도였다.

처음으로 다섯 살 딸아이를 나 홀로 데리고 떠난 여행이었다.

렌터카 예약부터 호텔 숙소, 각종 체험 행사까지 엄마로서 처음 해보는 일들로 가득한 여정이었고 나는 아이에게 '특별함'을 주고 싶었다. 바닷가에도 데려가고 생애 처음으로 잠수함도 태워주고, 말도 타보고, 그림책에 나올 법한 오름 길도 걸어보았다. 한순간도 허투루 보내고 싶지 않아 엄마의 하루는 바쁘고 꽉 차 있었다. 그렇게 분주하고 빛나는 시간이 이어졌고 어느새 여행의 마지막 밤이 되었다. 호텔 침대 위에 나란히 누워 하루를 정리하듯 아이에게 물었다.

"오늘 뭐가 제일 재미있었어?"

"어디가 제일 좋았어?"

나는 우도 잠수함, 코끼리 체험을 기대하며 물었는데 딸아이는 천진난만하게 다 빠진 앞니를 드러내며 방긋 웃으며 말했다.

"음… 난 호텔 룸서비스가 젤 좋았어!"

그 말에 나는 어이가 없어서 웃었고 기운이 쭉 빠지는 동시에 어딘가 허탈한 마음이 올라왔다. 그토록 애써 계획한 모든 일정보다 그녀의 기억에 가장 오래 남은 건 창문 너머 밤바다 소리를 들으며 엄마와 함께 먹었던 룸서비스 음식. 그 작은 탁자 앞에서 웃고 이야기 나눴던 그 시간이었다. 뭐 대단한 게 밖에 있었던 게 아니었다. 그저 나와 함께 한 그릇의 음식을 앞에 두고 웃고 이야기했던 그 시간을 '제일 좋았던 순간'이라 부른 것이다. 나는 그날 밤, 이불 속에서 조용히 미소 지으며 생각했다.

'아, 이 아이가 기억할 특별함은 내가 생각한 것과 다를 수도 있겠구나.'

우리가 사랑을 주려 애쓰는 방식이 때때로 사랑을 받는 이의 마음에 닿는 방식과 다를 수 있다는 걸 처음으로 실감한 순간이었다. 지금도 그 장면은 선명하다. 베개 위에 엎드려 앞니 빠진 입으로 룸서비스 이야기하며 깔깔 웃던 아이. 그리고 그 웃음을 보며 멍하니 앉아 있던 나. 그 무엇보다 값지고 소중한 풍경이었다. 아무렇지 않던 그날 작은 호텔 방 안에서 마주한 그 웃음 하나가 결국 여행의 모든 의미를 품고 있었다.

그러니 오늘도 묻고 싶다. 정말 '별일이 없었던 하루'였을까?, 우리가 흔히 흘려보내는 그 아무렇지 않던 날 안에도 어쩌면 누군가의 인생에 오래 남을 가장 따뜻한 장면이 숨어 있을지도 모른다. 우리는 종종 아이에게 멋진 경험을 선물해야 좋은 부모가 되는 것처럼 느낀다. 하지만 아이가 마음 깊이 간직하는 건 어쩌면 그저 엄마와 함께 밥을 먹고 웃었던 그 밤일지도 모른다. 바로 그 순간이 '평범함'이라는 이름을 한 진짜 특별함이었음을 우리는 훗날에야 깨닫게 된다.

우리는 매일 살아간다. 때로는 특별하고, 때로는 너무 평범해서 자신의 하루를 아무 의미 없는 것으로 취급하고 만다. 하지만 어쩌면 진짜 특별함은 늘 그렇게 평범함의 얼굴을 하고 우리 곁에 다가온다.

호아킨 소로야의 그림이 세월이 흐른 지금도 여전히 많은 이들의 마음을 사로잡는 이유는, 그가 특별한 장면을 새롭게 창조해 낸 것이 아니라, 이미 우리 곁에 있었던 평범한 순간들의 아름다움을 다시 바라보게 해주었기 때문일 것이다. 햇살 가득한 정원에서의 낮잠, 바닷가에서 나눈 웃음, 그런 아무렇지 않은 장면들 속에 삶의 따뜻한 진심을 담아낸 것이, 소로야가 남긴 가장 깊은 감동이었다.

알랭 드 보통은 말했다.
"우리가 흔히 사소하다고 여기는 것들이야말로 인생을 구성하는 가장 중요한 조각이다."라고.

그러니 오늘도, 그저 그런 하루 속에 숨겨진 작은 기쁨을 찾아보세요.
당신은 이미 충분히 좋은 부모입니다.

오늘도 특별한 하루를 보낸 당신을 위한 10가지 질문

Q1　오늘 하루 중 아이가 가장 많이 웃었던 순간은 언제였나요?

_____

_____

Q2　내가 '그저 그런 하루'라고 여긴 날, 아이는 무엇을 기억하고 있을까요?

_____

_____

Q3　특별한 추억을 만들기 위해 너무 애쓰느라 오히려 놓치고 있는 작은 기쁨은 없나요?

_____

_____

Q4　오늘 아이와 마주 앉아 밥을 먹으며 어떤 대화를 나누었나요?

_____

_____

Q5　'별거 없는 하루' 안에서 내가 느낀 가장 따뜻한 순간은 언제였나요?

_____

_____

Q6   아이가 나중에 기억하게 될 '첫 번째 무엇'은 무엇일까요?

_____

_____

Q7   오늘 하루, 나는 아이의 어떤 변화를 눈여겨보았나요?

_____

_____

Q8   SNS에 올릴 만큼 '대단한' 일이 없었던 오늘, 내 마음속에 오래 남을 장면은 무엇인가요?

_____

_____

Q9   나는 얼마나 자주 '별일 없는 하루'를 스스로 축하해주고 있나요?

_____

_____

Q10   오늘의 평범한 장면 하나를 사진처럼 마음속에 간직한다면, 어떤 장면이 떠오르나요?

_____

_____

평범한 날의 마음 앨범
〈정원에서의 낮잠〉 오늘을 기념하는 감정 놀이

오늘도 당신의 일상은, 아이의 기억이 됩니다.

준비물 작은 스케치북 또는 도화지 여러 장, 사진 몇 장(있으면), 색연필, 풀, 스티커

- -

STEP 1 오늘 마음속 사진은 어떤 장면일까?

질문 노트 Q10처럼, "오늘 하루 중 마음속에 오래 남을 장면을 하나 떠올려 보자."라고 말해 봐요. 아이와 함께 각자 그 장면을 도화지에 그려봅니다.

　– 엄마: "네가 조용히 책 읽던 모습"
　– 아이: "엄마가 나랑 같이 귤 까먹던 거"

글 대신 그림으로 남겨도 되고, 그림 옆에 간단한 한 줄 설명을 써도 좋아요.

STEP 2 오늘의 감정은 무슨 색이었을까?

각 장면 아래에 오늘의 감정을 표현하는 색깔 스티커 또는 색칠을 덧붙입니다.

　– 노랑: 기쁨 / 파랑: 차분함 / 연두: 편안함 / 회색: 지침

색은 아이가 직접 정해도 좋아요. "오늘은 왜 이 색이었어?"라는 질문을 던지면, 자연스럽게 감정을 나누게 돼요.

STEP 3 나만의 평범한 날 앨범 만들기

이렇게 매일 한 장씩, '기억하고 싶은 평범한 순간'을 모아 마음 앨범을 만들어갑니다. 각 장에는 날짜, 장면, 감정, 한 줄 메모를 남길 수 있어요.

 – 2025.04.14. / 빨래 널다가 아이랑 물놀이함 / 초록색 / 진짜 웃겼다!

STEP 4 하루를 축하하는 말 남기기

그날의 마지막 페이지에 자신에게 말해주고 싶은 짧은 축하 문장을 써봅니다.

 – "오늘도 잘 살아냈어."
 – "별거 없지만, 나에겐 충분했어."
 – "이게 진짜 행복이구나."

같이 웃고, 같이 자라는 순간들

우리는 종종 특별한 날, 대단한 성취에만 의미를 두곤 합니다. 하지만, 이 활동은 그런 특별한 날이 아니라, 그저 하루를 잘 살아낸 나 자신을 인정하는 연습입니다. 아이와 함께 오늘 하루를 돌아보며, 소중했던 순간을 기록하고, 평범해 보이는 일상에서도 스스로에게 작은 박수를 보내는 문화를 만들어갑니다. 이 과정은 '이 순간만은 놓치고 싶지 않아.'라는 마음으로 바쁜 하루 속에서도 잠시 멈춰 마음의 카메라를 켜는 습관을 길러줍니다.

〈정원에서의 낮잠〉 속 장면처럼, 언뜻 아무렇지 않아 보이는 그 평범한 하루가 나중에 부모와 아이가 함께 떠올리게 될 가장 오래 남는 사랑의 기억이 될지도 모릅니다. 이 놀이가 당신에게, '오늘도 참 잘 살아냈어요.'라고 다정하게 말해주는 시간이 되기를 바랍니다. 완벽하지 않아도 괜찮습니다. 소소한 하루, 그 하루를 포기하지 않고 살아낸 당신에게, 이 조용한 놀이가 따뜻한 박수가 되어줍니다.

"가장 강한 이들은 사랑 앞에서
자신을 낮출 줄 아는 사람들이다."

— 파울로 코엘료 Paulo Coelho

모리스 드니

<왕관>

세상에서 가장 아름다운 사랑을 보다

모리스 드니(Maurice Denis) <The Crown>

아이 덕분에 내가 배운 가장 중요한 것들

며칠 전, 한 아빠와 나눈 대화가 오래도록 마음속에 남았다. 그는 잠시 말없이 웃더니, 조심스럽게 이렇게 이야기했다.

"요즘 퇴근하면, 아이가 현관까지 뛰어나와 저를 꼭 안아줍니다. 그 순간, 하루의 피로가 거짓말처럼 사라지는 기분이에요. 그런데 이상하게도, 그게 너무 벅차서 울컥할 때가 있어요."

그의 말에는 따뜻한 사랑이 고스란히 담겨 있었지만, 나는 그 따뜻함보다 먼저 마음 깊은 곳에서 울컥 올라오는 먹먹함을 느꼈다. 기쁜데 눈물이 나는 감정, 행복한데도 왠지 모르게 슬퍼지는 마음. 사랑받고 있다는 확신이 들면서도 '내가 과연 이 모든 사랑을 감당할 자격이 있는 사람일까?'라는 벅차고 두려운 질문이 함께 올라오는, 그 복잡하고 낯선 감정.

그것은 아마도 부모가 되어본 사람만이 이해할 수 있는 사랑이라는 이름의 무게일 것이다. 아이는 온 마음으로 부모의 품에 안기고 그 품 안에서 조용히 숨을 고르며 안정을 찾는다. 그 순간, 부모는 아이에게 세상의 전부가 된다. 누군가의 전부가 된다는 그 느낌은 너무도 벅차고 아름답지만, 동시에 감당하기 벅찬 책임처럼 묵직하게 가슴 한가운데 내려앉는다. 사랑받는다는 것은 그만큼 자신을 끊임없이 되묻게 만드는 일이기도 하다.
'나는 이 사랑을 받을 만한 사람인가?'
'나는 이 아이의 세상이 되어도 괜찮은 사람인가?'

그 질문은 우리 마음속에서 조용하지만 깊게 울려 퍼진다.

그 아빠의 이야기를 들은 다음 날, 나는 문득 모리스 드니의 한 그림을 떠올렸다. <왕관>이라는 제목의 작품이었다.

노을이 스며드는 창가, 부드러운 금빛 햇살이 방 안 가득 퍼져나가는 저녁 무렵. 창문 앞에 선 엄마가 조그만 아이가 정성스럽게 만들어온 화관을 받기 위해 몸을 깊이 숙이고 있다. 아이의 손에는 정원에서 꺾어온 들꽃들이 들려 있다. 색도 모양도 제멋대로지만 서툰 손길로 엮어낸 그 화관은 엄마의 머리 위에 올려지기 위해 작은 손에 꼭 쥐어져 있다.

엄마는 아이가 닿을 수 있도록 허리를 깊이 굽힌다. 아이는 발끝을 들어 올리고, 온 힘을 다해 두 손을 뻗는다. 엄마와 아이, 두 사람의 눈은 마주치지 않지만, 그들 사이에는 말보다 더 깊은 교감이 조용히 흘러넘치고 있다. 엄마의 머리 위에 살포시 얹힌 꽃의 왕관은 세상에서 가장 고귀한 상처럼 반짝인다.

나는 한참 동안 그 그림 앞에 멈춰 서 있었다. 그리고 눈을 감고 상상했다. 하루의 지친 몸을 이끌고 집에 돌아온 저녁, 현관문을 열자마자 작은 발로 달려 나와 온몸으로 나를 껴안아 주는 아이. 그 품에서 들려오는 따뜻한 숨결과 미세한 심장 소리. 그리고 말없이 전해지는, "오늘 하루도 수고했어요."라는 그 어떤 위로보다도 깊은 고백.

나는 그날 알게 되었다. 사랑은 결코 크고 거창한 것이 아니라, 이렇게 작고 조용한 굽힘에 있다는 것을. 아이의 손이 닿을 수 있도록 내가 허리를 굽히고, 고개를 낮추는 그 순간, 비로소 사랑은 나에게 도착할 수 있다. 사랑받는다는 건, 어쩌면 그렇게 나를 조금씩 낮추는 일이 아닐까. 그리고 그 굽힘 속에서 나는 매일 배운다. 부모가 된다는 것은, 누군가의 눈높이에 맞추기 위해 조금 더 부드럽게, 조금 더 천천히 살아가는 법을 배우는 시간이라는 것을.

사랑은 기다림이고, 굽힘이며, 서툰 손길을 있는 그대로 받아주는 일이다. 비뚤비뚤한 글씨로 적힌 "아빠 사랑해요."라는 쪽지, 종이에 삐뚤게 붙인 색종이 꽃 한 송이, 서툰 발음으로 건네는 "우리 아빠 최고야."라는 말. 그 모든 것은 아이가 할 수 있는 최선의 사랑 표현이다.

그 앞에서 우리는 웃는다. 그러면서도 종종, 말없이 눈물을 삼킨다. 그 눈물은 단순한 슬픔이 아니다. 그것은 기쁨과 미안함, 뿌듯함과 벅참, 그리고 책임감이 뒤섞인, 한마디로는 다 설명할 수 없는 사랑의 진심이다.

그 선물을 오늘도 묵묵히 받아내고 있는 우리 부모들은 때로는 벅차지만, 그 벅참 속에서 가장 중요한 것을 배워가고 있다. 아이의 손이 닿을 수 있도록 내가 허리를 굽히는 그 순간, 나는 이 사랑을 온전히 받을 자격이 생긴다. 아이의 작은 손안에는 서툴지만 가장 순수한 사랑이 담겨 있고, 그 사랑은 세상의 어떤 왕관보다 더 고귀하게 빛난다.

나는 매일 그 사랑을 배우고 있다. 그리고 아이 덕분에, 나는 조금 더 나은 어른이 되어가고 있다. 사랑은 내가 주는 것이기도 하지만, 무엇보다도 내가 배우는 일이라는 것을, 이제야 조금 알 것 같다.

당신이 매일 건넨 그 사랑이, 아이에게는 세상의 전부다.

고개를 숙인 사랑이 더 깊다

그 왕관은 결코 가벼운 짐이 아니다. 아이의 전부를 담아 건네는 사랑은, 말할 수 없이 따뜻하지만 동시에 깊이 벅차고, 때론 무겁다. 그 왕관을 받는 순간, 우리는 아이의 전 존재로부터 '믿음'이라는 가장 순수한 감정을 받게 되는 것이다.

그 믿음의 무게는, 세상의 어떤 영광보다 더 크고 신성하다. 왜냐하면 아이는 사랑하는 사람에게만 그 왕관을 내어주기 때문이다.

모리스 드니는 평생 엄마와 아이의 장면을 화폭에 담았다. 그가 그린 모성과 육아의 순간은 단지 가정적인 풍경이나 일상의 기록을 넘어선다. 그는 그 소박한 장면들 안에서 '사랑의 신성함'을 포착하고자 했다. 아이를 안고 있는 엄마, 아이의 눈을 바라보며 미소 짓는 엄마, 작은 손을 잡고 창가에 선 엄마, 그 순간들은 모두 평범하고 사소해 보일 수 있지만, 드니는 그 안에 깃든 감정의 결을 마치 성화(聖畵)처럼 숭고하게 그려냈다.

어떤 작품은 마리아와 아기 예수를 연상케 했고, 어떤 장면은 성당 창문을 수놓은 스테인드글라스처럼 빛났다. 그의 화면은 늘 부드럽고 따스한 색채로 가득했고, 빛을 머금은 붓질은 마치 인간의 숨결처럼, 사랑의 공기를 느끼게 했다. 드니에게 있어서 '육아'란 단순한 양육이 아니라, 사랑을 실천하는 가장 순결하고 숭고한 행위였다. 그림 속 엄마는 아이를 품고 있지만, 동시에 인간 존재의 근원적인 사랑을 구현하고 있다. 이런 장면이야말로 인간이 누릴 수 있는 가장 고귀한 축복이며, 무심한 일상의 틈 사이로 스며드는 가장 깊은 진리다.

드니는 일찍이 이렇게 말했다.

"그림은 본질적으로 종교적인 것이다. 왜냐하면 삶 그 자체가 경건하기 때문이다."라고.

그의 신념은 그의 화폭에 고스란히 담겨 있다. 모든 엄마와 아이의 장면은 그에게 있어 신에게 드리는 하나의 기도와 같았다. 고요하고 부드럽지만, 결코 가벼울 수 없는, 무게 있는 사랑의 찬송가다.

우리는 누군가의 눈높이에 맞추기 위해 허리를 굽히고, 서툰 손길을 받아주기 위해 고개를 낮추며, 우리는 매일 사랑을 배우고 실천하고 있다. 그리고 그 굽힘 위에, 아이들은 사랑이라는 왕관을 얹는다. 비뚤비뚤하고, 아직 서툴고, 너무 가벼워 보일지도 모르는 그 왕관. 그러나 그 안에는 아이의 모든 진심이 담겨 있다. 그 무게는 아이가 우리를 향해 얼마나 큰 사랑을 품고 있는지를 보여주는 증거이기도 하다. 그래서 그 왕관을 받을 수 있는 사람은 아이에게 허리를 굽혀준 사람이다. 조금은 어색하고 때로는 부족하더라도 그 마음을 받아준 사람이다.

사랑은 때로 벅차다. 하지만 그 벅참은 당신이 아이의 세상에서 얼마나 큰 존재인지를 보여주는 증거다. 눈물 나도록 고마운 그 순간이 당신에게 찾아온 것은, 당신이 그만큼 소중한 사람이라는 뜻이다.

아이의 두 팔 안에서 잠시 숨을 고르고, 그 따뜻한 체온에 가만히 울컥했던 그날, 그 장면은 아이의 기억 속에도, 당신의 마음속에도 오래도록 남을 것이다.

폴 코엘류는 말했다.

"사랑은 두려움과 감동을 동시에 데려온다. 그건 가장 강한 이들만이 받아들일 수 있는 선물이다."라고.

그 사랑을 배우며 살아가는 당신, 당신은 이미, 충분히 좋은 부모입니다.

몸을 낮추는 사랑을 아는 당신을 위한 10가지 질문

Q1 오늘, 아이의 어떤 행동에 가슴이 울컥했나요?

_____

_____

Q2 내가 아이에게 받은 '작고 서툰 사랑'은 무엇이었나요?

_____

_____

Q3 사랑받는다는 감정이 벅차게 느껴졌던 순간이 있다면, 언제였나요?

_____

_____

Q4 나는 오늘, 아이의 눈높이에 맞추기 위해 얼마나 몸을 낮췄나요?

_____

_____

Q5 아이가 건넨 조그마한 쪽지나 말속에서, 나는 어떤 감정을 느꼈나요?

_____

_____

Q6 아이의 품에 안겨 느꼈던 체온과 숨결을 마지막으로 떠올린 건 언제였나요?

_____

_____

Q7 '내가 과연 이 사랑을 받을 자격이 있을까?'라는 질문이 떠올랐던 적이 있나요?

_____

_____

Q8 내 아이가 지금 나에게 씌워 주고 있는 '왕관'은 어떤 모양인가요?

_____

_____

Q9 부모가 된 후, 내 삶에서 가장 조용하지만, 깊은 감동은 어떤 장면이었나요?

_____

_____

Q10 오늘, 나는 아이가 나를 얼마나 사랑하는지 진심으로 느껴보았나요?

_____

_____

서로를 위한 사랑의 왕관

〈왕관〉 사랑의 왕관 만들기 놀이

사랑은 누군가를 위해 조용히 무릎을 꿇는 마음이에요.

(준비물) 색종이, 가위, 풀, 색연필, 스티커, 고무줄 또는 종이띠

STEP 1 너는 어떤 왕관을 쓰고 있을까?

아이에게 물어요.

 – "엄마는 너에게 어떤 왕관을 씌워 주고 싶을까?"
 – "너는 오늘 어떤 모습으로 멋졌는지 생각해 볼까?"

아이도 부모에게 말할 수 있어요.

 – "엄마는 오늘 저녁 차려줘서 멋졌어."
 – "아빠는 내가 울 때 안아줬으니까 하트 왕관!"

STEP 2 '사랑의 왕관' 만들기

서로의 오늘을 칭찬하거나 감사하는 마음을 담아 종이로 '왕관'을 만들어 꾸밉니다.
꽃, 별, 하트, 말풍선 등으로 장식하고 각각의 장식 옆에 감사나 감동의 말을 써요.

 – "참아줘서 고마워."

– "오늘 안아줘서 좋았어."

– "내 눈을 봐줘서 행복했어."

STEP 3   '왕관 씌워 주기' 의식

만든 왕관을 서로에게 조용히 씌워 줍니다. 그 순간만큼은 "당신은 오늘 정말 멋진 사랑을 했어요."라고 말해주는 시간입니다. 아이에게 이렇게 말할 수 있어요.

– "이건 네가 내게 준 사랑을 담은 왕관이야."

– "너도 엄마에게 왕관을 씌워 줄래?"

STEP 4   조용한 고백의 시간

질문 노트 중 Q2, Q4, Q8, Q10 등을 꺼내 이야기해 봅니다.

– "오늘 너한테 받은 서툰 사랑은… 네가 말없이 다가와 안긴 거였어."

– "나는 오늘 너에게 맞추느라 밥도 천천히 먹었고, 눈높이를 낮췄어."

– "네가 내게 씌워 준 왕관은… '괜찮아.'라는 말 한마디였어."

놀이가 우리에게 선물하는 것들

이 활동은 '부모'라는 역할에만 머무르지 않고, 그보다 먼저 사랑받아야 할 존재로서의 나를 회복하는 경험을 선물합니다. 아이의 시선을 통해 부모로서 나의 가치를 새롭게 바라보고, 그동안 잊고 지냈던 나 자신이라는 존재의 소중함을 다시 마음에 새겨보는 시간입니다.

놀이를 함께 하며 우리는 배웁니다. 아이의 눈높이에 맞춰 다가가는 그 작은 움직임이 아이에게는 가장 깊은 사랑의 언어가 된다는 사실을요. 〈왕관〉 속 한 장면처럼, 작은 손으로 조심스럽게 머리에 왕관을 올려주는 순간. 언뜻 평범해 보이지만, 그 안에는 가장 고귀한 사랑이 피어나는 찰나가 담겨 있습니다.

이 활동이 부모인 당신에게도, 오늘 하루 아이가 건네준 그 사랑의 왕관을 마음으로 온전히 느끼고 따뜻하게 받아들이는 시간이 되기를 바랍니다. 완벽하지 않아도 괜찮습니다. 사랑은 그런 평범한 하루 속에서 조금씩 자라나고, 우리를 다시 연결해 주니까요.

"인생은 폭풍이 지나가기를
기다리는 것이 아니라
빗속에서도 춤추는 법을
배우는 것이다."

– 비비안 그린 *Vivian Greene*

피노 단젤리코

<오후 산책>

말보다 깊은 위로, 같이 걷는 마음을 보다

피노 단젤리코(Pino Dangelico) <Afternoon Stroll>

힘들어도 나는 오늘도 걸어간다

아이를 키우며 가장 많이 들었던 말은 "힘들지 않아요?"였다. 물론 그 물음은 걱정과 공감이 담긴 따뜻한 위로였지만 어쩐지 들을수록 마음 한쪽이 허전해지곤 했다. 반대로 내가 가장 듣고 싶었던 말은 "정말 잘하고 있어요."였다. 딱히 대단한 일을 한 날이 아니어도 누군가 그렇게 말해준다면 마음이 조금은 더 단단해질 것 같았다. 둘 다 위로의 말처럼 보이지만 그 둘 사이에는 분명한 결이 있다. 하나는 마음을 토닥이는 말이고 다른 하나는 마음을 다시 일으켜 세우는 말이다. 그래서일까. 오래전 어느 날, 정말이지 사소한 순간에 그 한마디를 듣고 눈물이 왈칵 쏟아졌던 기억이 있다. 그저 버티고 있었던 하루였는데 그 말 한 줄이 나를 다시 걷게 했다.

피노 단젤리코의 <오후 산책> 그림 속 바람이 먼저 마음에 들어왔다.
눈에 보이지 않아도 분명히 느껴지는 바람, 그 바람은 무언가를 밀어내기보다는 고요히 안아주는 것 같았다. 붉은 원피스를 입은 엄마가 있다. 엄마의 손을 꼭 붙든 채 걷고 있는 아이가 있다. 해변의 모래 위를 나란히 걷고 있는 두 사람. 아이 손에는 작은 인형과 양동이가 들려 있고 엄마는 바람에 흩날리는 머리카락을 한 손으로 붙들고 있다. 이렇다 할 사건도, 특별한 목적지도 없는 오후. 하지만 그 산책엔 어떤 완전한 평온함이 흐르고 있었다. 그리고 그 안에 담긴 메시지는 너무도 선명했다.

"지금 이대로, 충분하다."

아이를 키우는 하루는 대부분 '해야 할 일'로 가득 차 있다. 일어나자마자 아이를 깨우고 서둘러 밥을 먹이고 가방을 챙기고 학교나 유치원에 보내고 돌아오면 간식을 챙기고 하루 동안 있었던 일들을 듣고 감정을 읽어주고 때론 다독이고 때론 화를 삭인다. 하루를 그렇게 한 조각 한 조각 채워 넣고 나면 밤이 되어 문득 스스로에게 질문하게 된다.

"나는 오늘도 괜찮은 부모였을까?"

그 질문 앞에 늘 애매한 침묵이 흐르고, 놓쳐버린 순간들과 더 따뜻하게 말하지 못했던 기억들, 참지 못하고 화를 냈던 장면들이 떠올라 나는 조용히 나 자신을 다그치게 된다. 하지만 그런 날일수록 피노 단젤리코의 이 그림이 마음에 불쑥 떠오른다.

해변을 걷는 엄마는 맨발이다.
모래알이 발바닥을 간질이고 햇살은 눈이 부시고, 바람은 이따금 볼을 스쳐 간다. 엄마의 표정은 담담하지만, 그 안엔 하루의 피로가 고스란히 담겨 있다. 그런데도 엄마는 아이의 손을 꼭 붙든 채 앞으로 나아간다. 한 걸음 한 걸음 목적지 없이 그러나 멈추지 않고 걷는다.

이 장면을 바라보며 나는 문득 이런 생각을 했다. 아이는 엄마가 부족하다고 느꼈을까? 아니, 오히려 가장 사랑받고 있다고 느꼈을 것이다. 때로는 엄마가 지쳐 있었을 수도 있고, 눈앞의 순간을 놓쳤을 수도 있다. 하지만 그런 모습까지도 아이는 고스란히 사랑으로 받아들였을지도 모른다. 우리는 늘 '좋은 부모'가 되어야 한다고 자책하고 스스로 점검하지만, 아이의 마음속에 남는 건 함께했던 그 순간 그 자체일지도 모른다. 부모의 여정은 늘 그렇다. 반짝이는 성취보다, 단단히 쌓여가는 하루하루가 더 큰 의미를 지닌다. 특별한 무언가를 해주지 않아도, 목적지 없이 함께 걸어주는 것만으로도 아이는 사랑받고 있다고 느낀다. 피노 단젤리코의 <오후 산책> 속 산책처럼 말이다. 아이의 키에서 올려다본 엄마는 세상에서 가장 큰 존재이고, 엄마의 손을 잡고 함께 걷는 그 시간이 아이에게는 세상에서 가장 따뜻한 풍경으로 기억될 것이다.

그래서 나는 생각한다.
어쩌면 부모라는 길은 그렇게 매번 대단할 필요는 없는 일인지도 모른다. 어디까지 가야 하는지 몰라도 내 아이의 손을 놓지 않고 함께 걸어가는 그 시간 자체가 이미 충분히 완전한 여정이라는 것이다. 큰 목표나 특별한 장소가 없어도 괜찮다. 그저 오늘 하루, 아이와 함께 같은 방향을 바라보며 한 걸음씩 나아갔다는 그 사실만으로도 우리는 오늘도 잘 해낸 것이니 충분히 괜찮은 부모였다고. 그렇게 자신을 다정하게 안아줄 수 있어야 한다.

그림 속 붉은 원피스 엄마처럼 머뭇거리더라도, 가끔은 숨 고르며 멈추지 않고 아이의 곁을 지키며 걸어가는 것. 그것이야말로 아이가 기억할 '진짜 사랑의 풍경'일 것이다.

나 역시 그런 장면들을 내 마음속에 그리고 있다. 특별할 것 없이 흐른 하루, 그러나 아이와 함께 걷고, 웃고, 울었던 그 하루가 언젠가는 내 아이의 마음속에 가장 아름다운 그림으로 남을 수 있기를. 어쩌면 부모가 해줄 수 있는 가장 위대한 일은, 그런 장면을 함께 만들어가는 것 아닐까. 완벽하지 않아도 괜찮다. 우리는 그저 아이의 곁을 지키며, 오늘 하루를 함께 살아냈다. 그것만으로도 충분하다. <오후 산책>은 그렇게 말하고 있다. "당신은 이미 충분히 좋은 부모입니다."
라고.

'잘하고 있어요.' 스스로에게 건네는 응원

부모라는 화려한 무대도, 극적인 장면도 없이 찬란한 기록보다는 비슷한 날들
이 묵묵히 반복되는, 그래서 때로는 스스로가 전혀 특별하지 않은 사람처럼 느
껴지기도 하는, 그런 나날들의 연속이다. 그런데 참 신기하게도, 그렇게 특별한
것 없는 날들을 누군가는 오롯이 기억하고 따뜻하게 간직하고 있다는 사실을 우
리는 종종 잊고 살아간다.

그 누군가는 바로 아이들이다.
예전에 딸에게 물었던 적이 있다. "엄마랑 있었던 일 중에 가장 기억에 남는 게
뭐야?" 나는 어떤 멋진 여행이나 특별한 이벤트가 돌아올 줄 알았다. 하지만 놀
랍게도 그 아이가 떠올린 건 아주 엉뚱하고, 너무도 평범했던 어느 토요일 아침
이었다.

그날은 쉬는 토요일이었지만, 딸은 등교해야 하는 날이었다. 나는 그것도 모
르고 딸과 함께 아무런 준비 없이 느긋하게 10시까지 늦잠을 잤다. 너무 놀라 허
겁지겁 아이를 깨워 옷을 입히고, 책가방을 챙기고, 부스스한 머리의 작은 아이
손을 이끌고 거의 뛰다시피 학교로 향했다. 그렇게 둘이 조용히 교실 뒷문으로
들어갔던 그 순간. 나는 아직도 그 장면을 생생하게 기억한다. 남몰래, 정말 조용
히 아이를 밀어 넣듯 교실로 들여보냈던 그 아침. '이렇게 무책임한 부모가 또 있

을까?' 싶어, 스스로 너무 어이없고 민망해 마음 깊이 자책했던 날이었다. 허둥지둥 아이를 등교시키고 돌아오는 길, 비가 내리고 있었고 나는 스타벅스에 들러 선생님께 죄송한 마음을 전하고 싶어 커피를 사서 다시 학교로 향했다. 돌이켜 보면 그 순간 역시 참 어설프고 부족해 보인다. 커피를 건네받은 선생님도 어리둥절했다. 굳이 그러지 않아도 되었을 그날 아침의 내 행동은, 부모로서 당연히 해내야 할 일을 하지 못했다는 자책과 강박에서 비롯된 것이었다. 사실, 살다 보면 그럴 수도 있는 일인데 말이다. 그땐 조금만 더 침착했더라면, 차라리 여유를 갖고 더 잘 챙겼더라면 하는 마음이 오랫동안 나를 따라다녔다. 그런데 문득 생각했다. 어쩌면, 딸은 그날을 다르게 기억하고 있을지도 모른다. 엄마와 함께 늦잠을 자고, 조금 허둥지둥했지만, 뛰는 내내 손을 꼭 붙잡고 있었던 그 아침. 그리고 비 오는 날, 엄마가 커피를 들고 학교로 돌아왔던 그 장면. 그 모든 것이 아이의 마음속엔 서툴지만 애쓰고 있었던 엄마의 사랑으로 남아 있는 건 아닐까.

<오후 산책>이 아름다운 이유는, '무엇을 잘해서'가 아니라 '어떻게 함께하고 있는지'를 보여주기 때문이다. 완벽하지 않아도, 서툴러도, 함께 걷고 있는 그 순간이 이미 사랑이라는 것을. 부모는 언제나 자신의 부족함을 먼저 본다. 놓쳤던 것, 실수했던 것, 더 잘할 수 있었던 것들에 집중하며 스스로에게 점수를 매기고, 그 점수에 쉽게 실망하고 만다. 하지만 아이들은 함께했던 순간을 먼저 기억한다. 얼마나 웃었는지, 얼마나 같이 뛰었는지, 얼마나 자기를 바라봐 주었는지. 미국 일리노이대학교의 심리학자 카렌 아펠(Karen Appel)은 "아이들은 부모의 실수보다 함께 보낸 '정서적 품질'을 더 오래 기억한다."라고 말했다. 다시 말해, 부모의 말 한마디, 눈빛, 옆에 있었던 시간의 느낌이 아이의 감정 기억을 결정짓는다는 것이다. 우리가 '부족했던 순간'이라 여긴 시간이, 아이에게는 '충분히 사랑받았던 장면'으로 남는 이유다. 바람이 불어도, 치맛자락이 날려도, 눈이 부신 햇살에 앞이 잘 보이지 않아도, 여인은 그 걸음을 멈추지 않는다. 단 하나의 이유

때문이다. 바로 곁에서 작은 손이 자신의 존재를 붙들고 있기 때문이다. 그림 속에서 아이는 직접 손을 잡고 있지는 않지만, 시선으로 어머니를 붙들고 있다. 그 작은 눈빛, 그 조용한 동행이 주는 묵직한 감정은 말보다 선명하다. 어쩌면 우리는 그 작고 따뜻한 연결 하나만으로도, 지금 이 길이 맞는 길일지도 모른다는 확신을 얻는다. 삶의 정답을 몰라도 엄마이기에 어깨를 펴고 다시 한 걸음 내딛게 되는 이유, 그 이유가 바로 옆에서 우리를 바라보는 아이이기 때문이다. 피노 단젤리코의 붓질은 이 소소한 순간을 빛의 언어로 바꿔 놓았다. 흔들리고, 부서지고, 스쳐 가는 풍경 속에서 가장 단단한 감정은 언제나 우리 곁에 있는 '사람'이라는 사실을, 피노 단젤리코의 그림은 조용히 말해준다.

'나는 지금 잘 가고 있는 걸까?'

그 질문에 대한 대답은 멀리 있지 않다. 누군가의 손을 잡고 그 손을 놓치지 않으려 애쓰며 오늘 하루를 조용히, 그러나 끝까지 걸어 내는 바로 그 순간, 부모는 이미 충분히 잘하고 있다.

사실 이 글을 쓰는 지금, 이 순간에도 세상의 모든 부모에게 이 말을 조심스레 건넨다.

"그래도 오늘 잘했어."
"조금 울컥했지만, 결국 다시 웃어줬으니까 괜찮아."
"조금 지쳤지만, 아이 옆을 끝까지 지켜줬으니까, 그걸로 충분해."

우리는 매일매일 잘할 필요는 없다. 매번 완벽할 수는 없고, 가끔은 화도 나고,

때로는 실수도 하며, 어떤 날은 스스로가 너무나 부족하게 느껴지는 시간도 있다. 그럼에도 불구하고 우리가 해야 할 일은 그 하루를 다음 하루로 이어주는 일이다.

다시 걷기 시작하는 일.
다시 손을 잡아주는 일.
다시 마음을 건네는 일.

그 단순하고도 묵묵한 반복을 포기하지 않는 것이다.

프레드 로저스는 말했다.
"누군가와 함께 걷는 길은, 어디로 가든 결국 따뜻해진다."라고. 애쓰며 살아내고 있는 당신의 하루는 누군가의 기억 속에서, 사랑이 머문 자리로 오래도록 남을 것이다.

하루를 함께 걷고 있는 그 마음만으로도, 당신은 오늘도 충분히 잘하고 있는 부모입니다.

평범한 하루를 묵묵히 걸어 낸 당신을 위한 10가지 질문

Q1 오늘, 나는 누구의 손을 잡고 하루를 걸어 냈나요?

_____

_____

Q2 특별한 일이 없었던 오늘, 그 안에서 가장 따뜻했던 장면은 무엇이었나요?

_____

_____

Q3 '정말 잘하고 있어요.'라는 말을 마지막으로 나 자신에게 해준 게 언제인 가요?

_____

_____

Q4 내가 아이와 함께 웃었던 그 순간, 어떤 감정이 가장 크게 남았나요?

_____

_____

Q5 오늘, 스스로에게 매긴 점수는 몇 점이었나요? 그 점수는 과연 공정했을 까요?

_____

_____

Q6   아이가 가장 기억하는 '우리가 함께한 장면'은 무엇일까요?

_____

_____

Q7   반복되는 일상에서 내가 놓치고 있는 '함께 걷는 시간의 가치'는 무엇인가
       요?

_____

_____

Q8   지금 내 마음속에 머무는 가장 사소하지만, 소중한 순간은 어떤 건가요?

_____

_____

Q9   오늘 하루를 잘 걸어온 나에게, 지금 꼭 해주고 싶은 말 한마디는 무엇인
       가요?

_____

_____

Q10   내 곁을 지키며 함께 걷는 이 작은 손이, 지금 내게 전해주는 메시지는 무
       엇인가요?

_____

_____

감정 미술 놀이

우리 둘이 걸어온 길

〈오후 산책〉 오늘을 함께 걸은 마음 놀이

평범하지만 소중한 '우리의 하루'를 그리는 시간

준비물) 긴 도화지나 종이, 색연필/크레용, 스티커, 감정 아이콘, 발자국 도장(혹은 손으로 그려도 OK)

- -

STEP 1 우리 오늘 어디를 걸었을까?

긴 도화지를 펼쳐 길처럼 배치하고 오늘 함께한 하루의 장면을 산책로처럼 순서대로 그려보는 놀이예요.

- 아침에 눈 뜬 침대, 함께 먹은 아침 식사, 산책한 공원, 함께 책 읽은 거실, 잠든 아이를 바라본 밤

장면마다 감정 스티커나 이모지를 붙이며 마음을 함께 기록해요.

- 하트: 사랑스러움, 파도: 피곤함, 햇살: 평온함, 구름: 혼란스러움

STEP 2 우리 둘의 발자국 남기기

도화지 아래쪽에 부모와 아이의 손가락 도장이나 발자국 모양을 그려 오늘 하루를 함께 걸어왔다는 의미를 시각화합니다. 아이에게 물어요.

- "오늘 우리가 가장 오래 함께 있었던 순간은 언제였을까?"
- "그때 엄마 손은 어땠어?"

STEP 3   오늘 나에게 해주고 싶은 말 적기

질문 노트 Q3, Q5, Q9를 바탕으로 하단에 오늘을 걸어 낸 자신에게 따뜻한 말을 적습니다.

- "아무 일도 없었던 하루, 정말 잘했어."
- "오늘 웃어줘서 고마워."
- "이 하루가 바로 내가 아이와 함께 만든 선물이야."

STEP 4   '아이 손이 전해준 메시지' 대화 나누기

질문 노트 Q10을 활용해, 아이 손을 꼭 잡고 묻습니다.

- "오늘 네가 내 손을 꼭 잡았을 때, 엄마는 이 말이 떠올랐어." 아이도 자유롭게 "오늘 내 손은 이런 마음이었어."라고 표현할 수 있게 해주세요. 말이 어려운 아이는 색깔이나 표정으로 감정을 표현해도 좋습니다.

자라는 건, 아이만은 아니었어요.

이 활동은 바쁜 하루 속에서도 '우리가 함께 걸었다.'라는 기억을 남기는 감정 앨범을 만드는 과정입니다. 무언가 특별한 성과를 내야만 의미 있는 하루가 아니라, 그저 하루를 살아낸 나 자신을 칭찬하고 다독이는 시간, 이 작은 자기 돌봄의 실천이 부모와 아이, 우리 모두에게 꼭 필요한 위로가 됩니다.

소소한 오늘이 아이와 함께한 특별한 하루로 전환되는 이 과정은 감정을 돌보고 나누는 하루의 작은 의식, 감정 리츄얼(Emotional Ritual)입니다. <오후 산책> 속 장면처럼, 곁을 함께 걸어주는 작은 존재가 어떤 큰 위로가 되는지, 그 무엇보다 따뜻하게 전해집니다. 이 활동을 통해 부모는 오늘 하루 걸어 낸 자신의 시간을 인정하고, 그 하루가 아이에게도 평생 기억에 남을 따뜻한 '함께'의 시간이었다는 사실을 마음 깊이 새길 수 있을 것입니다. 완벽하지 않아도 괜찮습니다. 그저 오늘, 함께 걸어준 그 마음만으로 이미 충분히 아름다운 하루입니다.

"아이들은 부모의 말을
따라 하지 않는다.
부모가 자기 자신을 어떻게
대하는지를 따라 배운다."

– 제스 리히츠 *Jess Lair*

프랜시스 코츠 존스

<책>

닮아가고 싶은 마음을 보다

프랜시스 코츠 존스(Francis Coates Jones) <The Book>

내가 행복해야 아이도 행복해요

나는 내 딸에게 어떤 모습으로 기억될까.

며칠 전, 한 엄마가 조심스럽게 내게 말을 건넸다. 그녀의 말은 차분했지만, 그 속엔 지친 숨결이 묻어 있었다. "요즘 자꾸 저 자신을 잃어가는 기분이에요. 하루 종일 아이만 돌보다 보면, 거울 속 제 얼굴을 봐도 낯설기만 해요. 예전의 나와는 다른 사람처럼 느껴지고, 가끔은 내가 누군지 모르겠어요." 그녀는 말을 멈추고 잠시 숨을 골랐다. 그리고 조용히 덧붙였다. "그런데 그런 저를 아이가 계속 바라보고 있다는 것이, 더 미안해요."

한 엄마의 마음이 고스란히 전해졌다. 아이를 돌보는 하루하루 속에서 자신은 점점 희미해지고, 어느새 '나'가 아닌 누군가의 역할로만 살아가는 듯한 느낌. 그러면서도 그 모든 과정이 결국 아이 때문이라는 생각에 또다시 자신을 책망하게 되는 마음, 겹겹이 쌓인 감정들이 그녀의 깊은 한숨 속에 고요히 스며 있었다.

그날 저녁, 그녀의 말이 자꾸만 머릿속을 맴돌았다. 그러다 문득 떠오른 한 장면이 있었다.

프랜시스 코츠 존스의 그림 <책>에는 조용한 사랑이 스며 있다. 드레스를 입은 엄마가 차분히 책을 읽고 있고, 그 곁에서 노란 드레스를 입은 딸아이가 엄마를 올려다보고 있다. 책보다 더 깊이 바라보는 건, 바로 엄마다. 그 눈빛 속에는 "너는 소중한 존재야", "나는 너를 사랑해"라는 무언의 언어가 담겨 있다. 이 그림은 엄마의 자존감이 아이에게 얼마나 깊은 영향을 주는지를 보여준다. 단지 책을 읽어주는 장면이 아니라, 아이가 그 곁에서 '자기 자신이 얼마나 소중한 존재인지'를 배우는 순간이다. 아이는 말보다 더 진한 사랑을, 표정과 손짓, 분위기 속에서 느낀다. 엄마가 자신의 삶을 무너지지 않고 다정하게 살아가는 모습을 보여줄 때, 아이는 세상이 그리 무섭지만은 않다고 느낀다. 그게 바로 '자존감'이라는 이름의 가장 큰 선물이다.

심리학자 도널드 위니컷(Donald Winnicott) 말했다.
"아이가 처음 자기 자신을 인식하는 거울은 엄마의 얼굴이다."라고.

아이는 엄마의 눈동자에서 자신을 본다. 따뜻하게 빛나는 눈빛은 그대로 아이 마음속 자존감의 불빛이 된다. 존경, 동경, 사랑, 흠모, 그리고 아직 이름 붙이지 못한 작은 꿈. 나는 그 시선 속에서 한 아이의 마음을 읽었다.

'엄마처럼 되고 싶어.'
'엄마처럼 아름답고, 엄마처럼 당당한 여자가 되고 싶어.'

하지만 아이가 진짜 닮고 싶었던 것은 단지 드레스나 화장이 아니었을 것이다. 자기 자신을 존중하고, 자기를 돌보며 가꾸는 태도, 삶을 대하는 엄마의 방식, 그 모든 것이 아이에게 하나의 세계가 되었을 것이다. 그림 속 소녀가 바라본 것은, 자신을 소중히 여기고 자신의 삶을 사랑하는 엄마의 모습이었다. 그리고 나는 그때 깨달았다. 아이들은 우리가 얼마나 노력했는가보다 우리가 얼마나 자기를 존중하며 살아가는지를 조용히 그러나 누구보다 깊이 배우고 있다.

부모의 자존감이 아이의 거울이 된다

프란시스 코츠 존스의 그림 <책>에서 엄마는 단정한 자세로 책을 펼쳐 들고 있다. 헝클어진 모습도, 지친 기색도 없다. 화려하지 않지만 스스로를 아끼는 태도가 느껴진다. 그 옆에서 아이는 엄마를 올려다보며, 엄마처럼 되고 싶은 마음을 담아 바라본다. 아이는 단지 이야기를 듣는 것이 아니다. 엄마가 자신의 시간을 소중히 여기고, 삶을 아름답게 대하는 모습을 조용히 따라 배우고 있다.

그림 속 엄마는 말하고 있다.
"나는 나 자신을 존중해. 그래서 너도 그렇게 자랄 수 있어."

우리는 흔히 말한다. "아이만 잘 자라면 돼요." 그러나 그 말은 반쯤은 맞고, 반쯤은 틀렸다. 왜냐하면 아이는 결코 혼자 자라지 않기 때문이다. 아이의 눈은 늘 부모를 향해 있다. 부모가 어떻게 웃고, 어떻게 울고 자신을 어떻게 대하고 삶을 어떻게 견뎌내는지를 아이는 조용히, 그러나 정확하게 지켜보고 있다.

부모가 자신을 자책하고 스스로 함부로 대하며 늘 "나는 부족해."라고 되뇐다면 그 아이 역시 언젠가 그렇게 자신을 바라보게 된다. 반대로 지치고 힘들어도 자신에게 따뜻한 말을 건네고, 자신을 돌보려 애쓰는 부모의 모습을 보며 자란 아이는 '나는 소중한 존재야.'라는 확신을 배운다. 부모의 자존감은 말없이 전해지는 언어다. 그 언어는 책보다, 훈육보다, 가르침보다 더 강하다. 자신을 사랑하는 부모 곁에서 자란 아이는 세상이 덜 무섭다. 왜냐하면 이미 '사랑하는 법'을 눈으로 보고 배웠기 때문이다.

부모는 아이에게 세상을 보여주는 가장 처음이자, 가장 넓은 창이다. 그 창이 흐려져 있다면 아이 역시 세상을 흐릿하게 바라볼 수밖에 없다. 그 창이 닫혀 있다면 아이도 마음의 창을 닫는 법을 먼저 배우게 될 것이다. 그래서 나는 그 엄마에게 꼭 말해주고 싶었다. "당신이 당신 자신을 잃지 않는 것이 곧 아이를 지키는 길이에요. 당신이 웃을 수 있어야 아이도 그 미소를 따라 웃을 수 있어요."라고.

'내가 행복해야 아이도 행복하다.'라는 말은 결코 이기적인 말이 아니다. 그건 아주 근본적인 진실이다. 아이의 눈은 늘 부모의 등을 보고 있다. 무엇을 성취했는가 보다, 그 하루를 어떻게 살아냈는지를 바라본다. 그 등 위에 기대어 잠들고, 그 등 너머 세상을 상상하고, 그 등을 따라 걷는다.

나는 내 딸에게 어떤 모습으로 기억될까? 지친 얼굴로 한숨만 쉬던 엄마일까? 아니면 비록 완벽하지 않았지만, 자신을 돌보며 살아가려 애썼던 따뜻한 사람이었을까? 아이는 그런 엄마를 기억할 것이다. 실수해도 웃음을 잃지 않으려 했고, 힘들어도 다정함을 지키려 했던 사람.

무너지지 않으려고 노력했던 어느 보통날의 당신. 그것이면 충분하다. 그것만으로도, 아이에게 '사랑받아 마땅한 나'를 느끼게 하기에 충분하다.

브레네 브라운은 말했다.
"당신이 자신을 사랑하는 법을 보여줄 때, 아이는 자존감이 무엇인지 배운다."라고.

자신을 잃지 않고 사랑하려 애쓰는 당신, 이미 충분히 좋은 부모입니다.

충분히 괜찮은 당신을 위한 10가지 질문

Q1 오늘 거울 속 내 얼굴을 마지막으로 바라본 건 언제였나요?

_____

_____

Q2 지금 내 아이는 '나'를 어떤 모습으로 바라보고 있을까요?

_____

_____

Q3 요즘 나 자신에게 가장 자주 하는 말은 어떤 말인가요?

_____

_____

Q4 아이가 따라 하고 있는 내 모습 중 가장 인상 깊었던 장면은 무엇인가요?

_____

_____

Q5 '나는 충분히 괜찮은 사람이다.'라는 확신이 마지막으로 들었던 순간은 언제였나요?

_____

_____

Q6 내 아이가 나처럼 자신을 대한다고 상상했을 때, 마음이 편안한가요?

_____

_____

Q7 나를 돌보는 일이 '사치'처럼 느껴질 때가 있다면, 그 이유는 무엇인가요?

_____

_____

Q8 오늘 하루, 나 자신을 위해 해준 가장 작은 배려는 무엇이었나요?

_____

_____

Q9 지금 내 아이에게 '자기 자신을 존중하는 태도'를 어떤 방식으로 보여주고 있나요?

_____

_____

Q10 내 아이가 훗날 '우리 엄마는 이런 사람이었어.'라고 말하길 바라는 모습은 어떤 모습인가요?

_____

_____

마음 거울 따라 그리기

〈책〉 거울 놀이를 통한 감정 이해 활동

나를 사랑하는 법이, 아이에게 전해지는 순간

준비물) 거울, 도화지, 색연필, 감정 카드 또는 이모지 스티커, 마주 앉을 의자

STEP 1 거울 속 얼굴 바라보기

부모와 아이가 마주 앉아 거울을 하나 놓고, 자기 얼굴을 10초 동안 조용히 바라봐요. 그리고 묻습니다.

- "지금 거울 속 너는 어떤 표정이야?"
- "엄마는 오늘 이 얼굴로 하루를 살았어. 너는 어때 보여?"

그 후, 거울 속 자신의 얼굴을 도화지에 간단히 그려봅니다. 정확하게 그릴 필요는 없고, 감정을 담는 것이 중요합니다.

STEP 2 따라 하기 놀이 – 너처럼 놀이

아이와 부모가 서로의 동작을 따라 해보는 시간을 가져요. 이가 한숨을 쉬면 엄마도 따라 하며 감정을 말해요.

- "너 이렇게 했을 때, 혹시 속상했니?"

부모가 자주 하는 말, 행동을 아이가 따라 하도록 유도해 봐요.

- "엄마처럼 '오늘도 힘내자!'라고 말해볼래?"

그 과정에서 부모의 모습이 아이에게 어떻게 비치고 있는지 느껴볼 수 있어요.

STEP 3 나에게 해주는 따뜻한 말 적기

질문 노트 Q3, Q5, Q7, Q8 등을 참고해, 오늘 자신에게 해주고 싶은 따뜻한 말 한마디를 거울 그림 옆에 적어봅니다.

- "너는 괜찮아. 오늘도 잘 해냈어."
- "힘들어도 포기하지 않아서 멋져."
- "이 얼굴로 오늘도 누군가를 사랑했구나."

아이도 엄마에게 말 한마디를 해줄 수 있도록 유도해요.

- "엄마는 웃을 때 예뻐요."
- "엄마는 나랑 놀아줘서 좋아요."

이 놀이가 주는 감정 메시지

부모가 스스로 어떻게 바라보는지 그대로 아이의 자기 이미지로 반영된다는 사실, 우리는 종종 그 중요한 진실을 잊고 지냅니다. 일상 속 무심코 흘러나온 부모의 감정 표현과 자기 말투, 그 말이 아이에게 '존중의 언어'였는지, 아니면 알게 모르게 '비난의 언어'였는지, 이 활동은 조용히 돌아보게 해줍니다. 거울 앞에서 자기 모습을 바라보는 시간은 자존감을 회복하고, 자기 자신을 인정하는 출발점입니다.

'나는 지금 어떤 얼굴로 나를 바라보고 있을까?'
'나는 나에게 어떤 말을 건네고 있을까?'

〈책〉 속 장면처럼, 아이가 어른의 행동을 따라 하며 어른의 정체성을 흉내 내는 그 모습은 우리에게 따뜻한 거울을 건네줍니다. 부모인 내가 나를 어떻게 바라보느냐가, 곧 아이가 자신을 어떻게 사랑하게 될지를 결정짓는 거울이 됩니다. 완벽해지려고 애쓰기보다, 오늘 하루, 그저 거울 속 내 모습을 조금 더 다정하게 바라보는 연습부터 다시 시작해 보면 어떨까요?

"희망은 어둠 속에서도
빛을 볼 수 있는 능력이다."

– 데스몬드 투투 *Desmond Tutu*

장 프랑수아 밀레

<만종>

자책과 간절함, 그리고 조용한 사랑을 보다

장 프랑수아 밀레(Jean-François Millet) <The Angelus>

오늘, 잠시 멈춰 숨 고르기

해 질 녘의 들판, 황금빛으로 물든 하늘 아래 한 쌍의 부부가 고개를 숙이고 있다. 손에 쥔 농기구, 땅 위에 놓인 감자 바구니, 이제 막 하루를 마친 농부들의 모습이다. 저들은 지금 기도하고 있다. 삼종기도의 종소리가 울려 퍼지는 시간, 하루의 노동을 마치고 고요한 들판에서 하늘을 향해 손을 모은다.

밀레의 <만종> 속 장면은 지극히 평온하고 경건해 보인다. 하지만 나는 이 그림을 볼 때마다, 그 기도가 어쩌면 조용한 탄식일지도 모른다고 생각한다.

"오늘도 이렇게 하루를 보냈습니다. 몸은 천근만근 무겁고, 앞으로의 날들은 더 멀고 아득합니다. 그래도, 내일을 살아가야 합니다. 그러니 부디, 이 하루를 견딜 힘을 주소서."

그림 속 기도는, 아이를 키우는 부모들의 마음과 참 많이 닮았다.

장 프랑수아 밀레는 프랑스 바르비종파를 대표하는 화가로, 평생을 가난한 농부의 삶과 노동의 가치에 주목했다. 그는 귀족들의 화려한 초상화 대신, 땅을 일구는 사람들, 흙먼지를 뒤집어쓴 어머니와 굽은 허리의 아버지를 그렸다. 그림을 그리기 위해 그는 들판으로 나가 농민들과 함께 흙을 밟았고, 말없이 땀 흘리는 그들의 어깨와 손끝을 오래 바라보았다.

<만종>도 그런 시선에서 태어났다.

처음에는 단순히 감자를 심는 농부들을 그리려 했던 밀레는, 그림을 완성해

가며 그 장면에 기도의 손짓을 더했다. 그는 말한다. "저녁노을이 지면 삼종기도 종소리가 울리고, 사람들은 멈춰 서서 기도를 올린다. 나는 그 순간의 마음을 담고 싶었다." <만종>은 그렇게 태어났다. 그림 속 부부는 어떤 말을 하지 않지만, 그 고요 속에 너무 많은 마음이 담겨 있다. 그들은 하루의 노동을 마친 사람들이다. 아직 집까지 걸어가야 할 길이 남아 있고, 식사도 준비해야 하며, 내일도 다시 같은 일을 반복해야 한다. 그러나 그 모든 것을 앞두고, 잠시 하늘을 바라보며 고개를 숙인다. 그 순간만큼은 누구의 부모도, 누구의 아내도 남편도 아닌, 한 인간으로서 조용히 자기 자신을 마주하고 있는 것 같다.

회복을 위한 한 걸음, 쉼의 기도

아이를 재우고 난 뒤, 부엌 한쪽에 기대선 채, 허리를 제대로 펴지도 못하고 조용히 한숨을 내쉬는 엄마가 있다. 쌓인 설거지를 멍하니 바라보다가, 잠시 고개를 숙이고, 흐릿해진 눈빛으로 창밖 어둠을 가만히 응시한다.

그 순간, 문득 떠오른다.
밀레의 그림 속, 저녁 종소리에 맞춰 손을 모으고 기도하던 농부의 모습.

<만종> 속 그 고요하고도 단단한 기도처럼, 세상의 많은 부모들도 그렇게 조용히 자신의 하루를 마친다. 육아는 끝없는 노동이다. 아이가 태어난 순간부터 하루도 멈추지 않고 반복된다. 밥을 먹이고, 씻기고, 재우고, 놀아주고, 다독이고, 안아주고, 기다려주고, 그렇게 모든 순간에 온 마음을 다했는데도 늘 해야

할 일들은 끝이 없다.

　하루를 다 쏟아내고 나면 몸보다 마음이 더 지쳐 있다는 걸 깨닫게 되는 날들이 있다. '이렇게까지 해야 하나.' 싶은 순간이 있고, '나는 대체 뭘 하고 있는 걸까' 싶은 날도 있다. 아이는 사랑스럽지만, 육아는 늘 쉽지 않다. 그럼에도 불구하고, 다시 내일을 준비하기 위해 스스로 마음을 다잡는다. 그게 부모다.

　밀레가 <만종>을 그렸을 때, 누군가는 그 그림이 너무 단조롭고 평범하다고 말했다고 한다. 하지만 시간이 흐르고, 이 작품은 오히려 위대한 그림이 되었다. 단순한 농부들의 기도, 가장 소박한 하루의 장면 속에 인간의 가장 깊은 마음이 담겨 있었기 때문이다. 부모의 하루도 그렇다.

　지루하고, 반복되고, 때로는 누구도 알아주지 않는 것처럼 느껴질지라도 그 속에는 한 사람을 길러내는 위대한 사랑이 깃들어 있다. 아무도 보지 않아도, 기록되지 않아도, 아이를 위해 보내는 그 하루하루는 결국 이 세상에서 가장 깊고 아름다운 기도가 된다. 그러니, 오늘도 아이를 위해 애쓰고 살아낸 당신에게 꼭 이 말을 전하고 싶다. 그것만으로 충분하다고. 누구에게 보여 지지 않아도, 그 기도는 분명 하늘로 닿고 있으니.

　루이즈 에르드리치는 말했다.
　"아이를 키운다는 건 매일 같이 기도하는 것이다. 단지 손을 모으지 않을 뿐."
이라고.

　당신이 묵묵히 보내는 하루하루는 이 세상에서 가장 깊은 기도입니다. 비록 그 사랑이 눈에 띄지 않아도, 누구에게 인정받지 않아도, 그 마음은 아이의 삶 속에 가장 따뜻한 온기로 스며들어 오늘을 살아갈 힘이 되어줄 것입니다. 그러니, 오늘도 자신에게 이렇게 말해주세요.

"나는 이미 충분히 잘하고 있어."
"나는 이미, 충분히 좋은 부모입니다."

평범한 하루를 묵묵히 걸어 낸 당신을 위한 10가지 질문

Q1 오늘 하루, 내 마음속에 가장 길게 남았던 한숨은 어떤 감정이었나요?

_____

_____

Q2 나는 하루를 마친 지금, 어떤 기도를 마음속으로 올리고 있나요?

_____

_____

Q3 '이렇게까지 해야 하나…'라고 느꼈던 오늘의 순간은 언제였나요?

_____

_____

Q4 오늘 나에게 가장 필요했던 한 마디는 어떤 말이었나요?

_____

_____

Q5 나는 얼마나 자주, 나 자신을 '누구의 부모'가 아닌 한 인간으로 바라보고 있나요?

_____

_____

Q6 하루의 끝에서 내가 가장 먼저 마주하는 감정은 무엇인가요?

_____

_____

Q7 오늘 내가 아이에게 주었던 가장 조용한 사랑은 어떤 모습이었나요?

_____

_____

Q8 내가 기도처럼 반복하고 있는 '육아의 루틴' 속에 숨어 있는 나만의 진심은 무엇인가요?

_____

_____

Q9 지금 나에게 '충분해요, 그걸로 괜찮아요.'라고 말해준다면, 어떤 감정이 올라올까요?

_____

_____

Q10 오늘의 나를 누군가가 조용히 바라봐 준다면, 어떤 마음을 느꼈으면 하나요?

_____

_____

감정 미술 놀이

감정 만종, 오늘을 접는 시간
〈만종〉 하루를 기도로 접는 마음 접기 놀이

오늘도 살아낸 당신의 하루는 이미 하나의 기도입니다

준비물 색종이 또는 편지지, 펜, 촛불(또는 전구 조명), 조용한 음악(선택)

- -

STEP 1 **오늘 가장 오래 머문 감정은?**

질문 노트 Q1, Q6, Q7 중 하나를 골라 하루 중 가장 길게 마음에 남은 감정을 떠올립니다.

그 감정을 색이나 상징, 간단한 단어로 접는 종이에 씁니다.

- 파랑: 후회
- 회색 구름: 지침
- 초록 이파리: 작은 안도감

아이와 함께한다면, 아이도 하루의 감정을 색깔이나 그림으로 표현해 볼 수 있어요.

STEP 2 **마음의 기도 접기**

편지지를 작은 편지 봉투처럼 접거나, 손바닥만 한 종이배처럼 접으며, 감정과 진심을 조용히 접어보는 시간을 가져요. 종이 안쪽에는 오늘 나에게 들려주고 싶은 기도 한 마디를 적습니다.

- "오늘도 최선을 다한 나, 정말 수고했어."
- "이 아이를 사랑하는 마음만은 진짜였어."
- "지쳤지만 포기하지 않았던 오늘, 감사해."

STEP 3 촛불 앞에 내려놓기

접은 종이를 작은 접시에 담고, 작은 촛불이나 전구 조명 앞에 나란히 놓습니다. 이건 오늘의 나를 위한 조용한 기도의 시간입니다. 아이와 함께한다면 서로의 종이를 손에 올려주고 이렇게 속삭여보세요.

- "이 마음, 하늘까지 닿을 수 있도록 살포시 놓자."
- "우리 하루는 이미 충분했어."

STEP 4 오늘의 기도 문장 완성하기

질문 노트 Q2, Q9, Q10 중 하나를 골라 '내가 나에게 보내는 오늘의 마지막 문장'을 완성해 봅니다.

- "오늘도 잘 견뎌준 너에게, 고맙다고 말해주고 싶어."
- "누가 날 바라본다면, 조용히 웃어줬으면 해."
- "이 기도는 말이 아니라, 오늘 내가 살아낸 하루였어."

작은 놀이, 큰 변화

바쁘게 반복되는 하루 속에서도, 우리는 종종 내 감정과 진심을 그저 흘려보내기 쉽습니다. 하지만 잠시 멈추어 나의 마음을 경건하게 바라보는 시간, 나의 고단함과 애씀을 스스로 인정해 주는 그 순간이야말로 부모로서 나를 지켜 주는 가장 깊은숨이 되어줍니다. 육아의 고단함, 사랑하는 사람을 돌보는 그 수고로움은 때때로 끝없이 이어지는 의무처럼 느껴지지만, 사실 그 모든 순간은 '삶의 사랑스러운 기도'가 되어 우리 안에 쌓이고 있습니다. 누군가를 돌본다는 것은 결국 매일 같이 사랑을 선택하는 일입니다. 그 선택의 자리를 지키기 위해, 부모와 아이가 함께 하루를 정리하고 감정을 접어 내려놓는 작은 의식을 만들어 가는 일은 그래서 중요합니다.

이러한 '감정의 순환과 마무리 루틴'을 통해, 우리는 억누르거나 밀어내지 않고, 자연스럽게 감정을 흘려보내고 안착시키는 법을 배웁니다. 어떤 감정도 억지로 참거나 사라지게 하지 않고, 있는 그대로 바라보고, 머물렀다 떠나보내는 연습. 그 과정에서 우리 안에는 감정을 다루는 힘, 회복탄력성이 조금씩 자라납니다.

〈만종〉에는 기도를 올리는 사람들의 침묵 속에 하루의 노동과 삶의 무게, 그리고 그 모든 애씀을 관통하는 사랑의 진심이 고요히 울려 퍼지고 있습니다. 땅을 일구고, 하루를 살아내고, 비록 누군가 알아주지 않아도 여전히 간절하게 두 손을 모으는 그들의 모습은, 우리 부모의 하루와 닮았습니다. 세상에 크게 들리지 않는 그 기도처럼, 오늘의 당신도 누군가를 사랑하며 살아내느라 지친 몸과 마음으로 그 자리, 그 기도의 한복판에 서 있는 사람입니다. 비록 누구도 알아채지 못할지라도, 하늘은 오늘의 당신을 조용히 기억하고 있을 거예요.

"우리는 완성된 존재가 아니라
계속해서 만들어지고 있는 중이다."

– 마르셀 프루스트 *Marcel Proust*

PART IV

아이와 함께 그려가는 가장 아름다운 명화

메리 카세트

\<양말\>

존재 자체의 소중함을 보다

메리 카세트(Mary Cassatt) \<The Stocking\>

내 인생의 가장 따뜻한 기억, 그때 그 아이

며칠 전, 한 엄마와 카페에서 대화의 첫마디는 "지쳤어요."였다. 그 단어 속엔 도무지 가늠할 수 없는 복잡한 감정들이 가라앉아 있었다. "요즘 너무 지쳐요. 아이가 밉다가도, 자고 나면 또 미치도록 사랑스러워요. 이 감정이 너무 복잡해서, 제가 이상한 엄마처럼 느껴져요."

나는 한 문장, 한 문장을 곱씹어 읽었다.
밉다가도 사랑스럽다는 고백.
지쳐 있다는 말보다 더 고단한 마음.
스스로 '이상한 엄마'라 부르는 그 낮고 슬픈 목소리.

그 마음을 읽으며, 오래전 보았던 한 그림이 떠올랐다. 그림 속 엄마는 아이를 무릎에 앉히고, 조심스럽게 하얀 양말을 신겨주고 있었다. 양말을 신기는 그 단순한 동작 속엔 말로 표현할 수 없는 다정함이 고요하게 흘렀다.

파스텔 색조의 부드러운 색감.
엄마의 손이 닿은 곳에만 존재하는, 조용하고 따뜻한 시간.
아이는 아직 세상의 규칙을 모르는 얼굴로 먼 곳을 바라보고 있었고, 엄마는 그런 아이의 발을 양손으로 감싸 쥔 채, 마치 작은 기도를 드리듯 양말을 씌우고 있었다.
나는 그 엄마가 아이의 포동포동한 발에 입을 맞추었을 거로 생각했다.
향긋한 아기 냄새, 보드라운 살결, 그 순간을 감싸는 '지금 여기에만 존재하는 시간의 감각.

그것은 사라지는 듯하면서도 뼈 깊이 새겨지는 경험이다.

짧지만 선명하고, 부드럽지만, 평생을 따라다니는 기억.

하지만 나 역시 안다.

그렇게 사랑스러운 순간에도 우리는 지칠 수 있다는 걸.

사랑만으로는 도저히 설명되지 않는 수많은 순간이 있다는 걸.

육아는 언제나 아름답지만은 않다.

아이의 울음이 밤새 이어질 때, 자신의 감정조차 감당하지 못한 채 소리를 지르고 나서 후회로 잠 못 이루는 밤. 부족한 내 모습이 고스란히 아이에게 비칠 때, 문득 이런 생각이 스쳐 간다.

'나는 정말 괜찮은 부모일까? 이 아이에게 내가 맞는 사람일까?' 그럴 때마다 마음속으로 수많은 검열이 시작된다.

화내지 말걸.

좀 더 참을걸.

사랑한다는 말 한마디라도 해줄걸.

그런 날은 유난히 고요한 밤이 버겁다.

자는 아이의 얼굴을 보며 수없이 속삭인다.

'미안해. 엄마가 오늘은 많이 모자랐어.'

그러다 문득, 한 곡의 노래가 떠올랐다. 영화 <맘마미아>에서 엄마 도나가 딸에게 불러주던 ABBA의 <Slipping Through My Fingers> 딸이 자라나는 것을 바라보며, 하루하루가 손가락 사이로 빠져나가는 느낌을 노래한다.

"Schoolbag in hand, she leaves home in the early morning···."
"내 손가락 사이로 빠져나가네···."

함께 있는 순간에도 나는 늘 아이를 놓치고 있는 것만 같았고 거의 다 안다고 생각했던 아이의 마음은 어느새 저만치 자라 있었다.
그 짧은 가사 한 줄이 마음 한복판을 울렸다.

"And I have to sit down for a while···."
"그 자리에 한참을 앉아 있어야 하네···."

그 자리에 앉아, 멀어지는 아이의 뒷모습을 바라보는 일.
그건 어쩌면 세상의 모든 부모가 겪는 통과의례 같은 것일지도 모른다.
놓치고 싶지 않지만 놓칠 수밖에 없는 것들.
함께 있지만 완전히 알 수 없는 그 거리감.
그리고 짧은 웃음 한 조각에도 마음이 터질 듯 기쁜, 부모만의 사랑.

사라지는 시간, 남겨지는 사랑

나는 가끔 생각한다.
'왜 그때는 몰랐을까.' 시간이 한참 흐른 뒤에야 비로소 알게 되는 것들이 있다.

아이가 내 품에 안겨 주던 그 따뜻한 체온, 아기 살결에만 나는 향긋한 냄새, 하루에도 몇 번씩 터져 나오던 웃음과 엉뚱한 투정들, 그 모든 것들이 얼마나 귀한 것이었고, 그 순간들이 얼마나 유한했는지를. 왜 그때는 그렇게까지 절실하게 느끼지 못했을까.

메리 카사트의 그림 속에는 엄마와 아이가 있었다. 그것은 단순한 장면이 아니라, 잊힐지 두려워 마음 깊숙이 꾹꾹 눌러 담아 두고 싶은 어느 날의 기억 같은 그림이었다. 아이의 작고 보드라운 손, 엄마의 부드럽고 아픈 듯 애틋한 시선, 언제 사라질지도 모르는 찰나의 일상들을 그녀는 캔버스 위에 마치 영원한 풍경처럼 붙잡아두었다.

육아의 시간은 언제나 점처럼 작고, 하루하루의 일상은 때론 지루할 만큼 비슷해 보인다. 하지만 그 작은 점들이 모이고 이어져 결국 인생이라는 긴 선을 만들어낸다는 것을 우리는 늘 너무 늦게야 깨닫는다. 아이가 우리 무릎 위에서 뒹굴던 시간은 어느새 저만치 물러나고, 그때는 이미 아이가 우리 품을 떠날 준비를 하고 있다. 언제 그랬냐는 듯, 한참을 내 품 안에서만 놀던 작은 아이가 혼자서 세상으로 한 걸음씩 나아가고 있을 때 비로소 알게 된다. 그 모든 날이 얼마나 반짝였는지를. 오늘 하루만큼은, 이 순간만큼은 놓치지 않고 온전히 바라보길 바란다. 그 작고 따뜻한 발끝을, 투정 속에서도 귀엽기만 한 그 표정을, 내 무릎 위를 지탱하는 그 아이의 작은 무게를, 오롯이 느끼며 기억하기를. 왜냐하면 그것은 결국, 다시는 돌아오지 않을 엄마인 당신의 인생에서 가장 눈부신 풍경일 테니까.

아이가 어리기에 우리는 지친다. 하지만 아이가 어리기에 우리는 또다시 사랑한다. 사랑은 그렇게 언제나 복잡하고, 그래서 더 깊고, 그래서 더 진짜다. 밉다가도, 그 작은 손이 잠결에 내 품을 더듬어 찾을 때면 우리는 또 아무 말 없이 그 아이를 품에 안는다. 이해할 수 없는 감정의 출렁임 속에서도 우리는 매번 그렇게 사랑이라는 이름의 동그라미 안으로 다시 돌아온다. 그 반복되는 사랑의 둥근 선 안에서 우리의 마음은 부서지고, 다시 일어서고, 또다시 다정해진다. 그 애틋하고 어설픈 마음이, 바로 그 애쓰는 진심이 우리를 이미 '충분히 좋은 부모'로 만들어준다.

브레네 브라운은 말했다.
"우리가 자녀에게 줄 수 있는 최고의 선물은, 지금, 이 순간에 완전히 함께 있어 주는 것이다."라고.

아이의 곁을 지키며 오늘도 그렇게 서툴고 애쓰고 있는 당신, 이미 충분히 좋은 부모입니다.

사랑하지만 지치고 복잡한 당신을 위한 10가지 질문

Q1   오늘, 아이에게 가장 짜증이 났던 순간과 가장 사랑스러웠던 순간은 언제
인가요?

_____

_____

Q2   최근 '나는 이상한 부모일지도 몰라.'라고 느낀 적이 있다면, 그 이유는 무
엇이었나요?

_____

_____

Q3   자는 아이 얼굴을 보며 가장 자주 떠올리는 말은 무엇인가요?

_____

_____

Q4   내 무릎 위의 아이, 그 체온을 마지막으로 온전히 느낀 순간은 언제였나
요?

_____

_____

Q5   나는 얼마나 자주 '놓치고 있는 중'이라는 불안을 느끼나요?

_____

_____

Q6 오늘, 아이와 함께한 찰나의 풍경 중 잊지 않고 간직하고 싶은 장면은 무엇인가요?

_____

_____

Q7 아이의 발에 양말을 신기던 순간처럼, 작지만 잊지 못할 내 육아의 장면은 어떤 것이었나요?

_____

_____

Q8 '나는 정말 이 아이에게 맞는 사람일까?'라는 질문에 오늘 내 마음은 뭐라고 답하나요?

_____

_____

Q9 아이가 자라 훗날 나를 떠올릴 때, 어떤 모습을 가장 기억하길 바라나요?

_____

_____

Q10 오늘, 나 자신에게 해주고 싶은 가장 따뜻한 말 한마디는 무엇인가요?

_____

_____

감정　미술　놀이

사랑의 찰나 그림일기
〈양말〉 '작은 손길, 큰 사랑' 기억 그림 놀이

작고 조용한 돌봄 속에도, 사랑은 늘 흐르고 있었습니다

준비물　도화지, 색연필/크레용, 감정 스티커, 간단한 스티커나 꾸미기 용품

STEP 1　내가 오늘 가장 조용히 사랑한 순간은?

질문 노트 Q1, Q4, Q7 중 하나를 선택하고, 오늘 하루 중 가장 작지만, 진심이 담긴 돌봄의 순간을 떠올립니다.

- 아이 발에 양말을 신겨주던 순간
- 아이가 잠든 머리를 쓰다듬은 순간
- 말없이 간식 챙겨줬던 순간

그 장면을 기억 속의 사진처럼 도화지에 그림으로 표현합니다. 그림을 잘 그리는 것보다, 감정이 담긴 장면을 그리는 것이 중요해요.

STEP 2　그 순간의 마음, 색으로 표현하기

그 장면에 깃든 내 감정을 색 하나로 표현해 봅니다.

- 연노랑: 다정함
- 옅은 파랑: 지침 속의 평온

- 분홍: 애틋함
- 회색: 말 못 한 슬픔

아이와 함께한다면 아이도 자신만의 사랑받은 순간을 그려볼 수 있어요. 아이의 기억 속 '엄마가 가장 다정했던 순간'을 그리게 해도 좋아요.

STEP 3 오늘 나에게 보내는 위로 한 줄

질문 노트 Q3, Q5, Q8, Q10을 참고해 오늘 하루 살아낸 나에게 따뜻한 한마디를 그림 옆에 적습니다.

- "당신의 손길은 늘 사랑이었어요."
- "이 작은 순간도, 아이는 기억할 거예요."
- "실수한 날도 사랑은 흐르고 있었어요."

STEP 4 마음 일기 모으기

이렇게 하루에 하나씩, 작은 돌봄의 찰나를 그림으로 남기며 '사랑은 내가 지켜낸 조용한 순간에 있었다.'라는 걸 되새깁니다. 아이와 함께 만들면, 부모와 아이의 사랑 앨범으로도 발전할 수 있어요.

놀이는 마음을 키우는 시간

부모의 돌봄은 때때로 너무 조용해서, 정작 자신도 그 사랑의 크기를 잊어버리곤 합니다. 특별한 이벤트나 눈에 띄는 표현이 아니더라도, 하루하루 반복되는 평범한 손길과 작은 행동들 속에 가장 깊은 사랑이 담겨 있습니다. 하지만 우리는 종종 그 사실을 잊고, 더 잘해야 한다는 조바심 속에서 자책하거나 지쳐버리기 쉽습니다. '나는 좋은 부모일까?'라는 물음에 자신 없는 고개를 떨구게 될 때도 많습니다. 그러나 그 지침과 자책 속에서도, 당신은 분명 사랑하고 있었습니다.

부족하고 서툴러 보여도, 여전히 아이 곁을 지키며 애쓰는 바로 그 모습이 '나는 사랑하고 있었다.'라는 자존감 회복의 출발점이 되어줍니다. 부모의 이 조용한 돌봄은 아이에게도 자연스레 가르쳐 줍니다. 사랑이란 특별한 날이나 거창한 이벤트 속에만 있는 것이 아니라, 매일의 일상 속 평범한 손길 안에 깃들어 있다는 감정 감수성을요. 그 깨달음은 아이로 하여금, 자신 역시 따뜻하고 다정한 존재임을 느끼게 하고, 세상과의 관계 속에서도 사랑을 주고받는 힘을 키워줍니다.

〈양말〉은 그런 사랑의 장면을 고요하게 담아냅니다. 말 한마디 없이, 아이의 작은 발에 양말을 조심스레 신겨주는 부모의 손길. 그 어떤 화려한 말보다도, 더 깊은 애정과 다정함이 전해지는 순간입니다. 목소리 대신 손끝으로, 설명 대신 손길로 전하는 사랑. 그 장면 속에서 우리는 깨닫게 됩니다. 사랑은 소리 내어 외치지 않아도, 때로는 오히려 아무 말이 없어도, 이렇게 선명하게 전해질 수 있다는 사실입니다.

"아이는 너의 것이 아니다.
그들은 너를 통해 왔지만,
너로부터 온 것은 아니다.
그들은 자신의 길을 가는 여행자다."

– 칼릴 지브란 *Kahlil Gibran*

에우제니오 잠피기

<어린아이의 첫걸음>

천천히 멀어지는 사랑의 애틋함을 보다

에우제니오 잠피기(Eugenio Zampighi) <Baby' First Steps>

처음으로 걷기 시작한 날

며칠 전, 한 엄마로부터 들려온 소식이 마음에 오래도록 머물렀다. 아이가 처음으로 두 발로 섰다는 이야기였다. 엄마의 목소리에는 들뜬 기쁨과 벅참, 그리고 어쩐지 울컥한 감정이 고스란히 배어 있었다.

"두 발짝 걸었어요. 정말 눈물이 나더라고요. 이게 뭐라고, 그 순간 세상이 다 멈춘 것처럼 느껴졌어요." 그 짧은 고백 속에서 나는 한순간 멈춰버린 시간과 그 안에 녹아 있는 부모의 수많은 마음을 읽을 수 있었다. 아마도 그날 이후로, 그 엄마의 세상 중심은 조금 달라졌을 것이다. 어떤 날은 너무나 평범해서 다 잊힐 것 같은 하루였겠지만, 그 두 발짝이 찍힌 날만큼은 오래도록 마음속에 선명한 영상처럼 남아 있을 것이다. 그날의 공기, 아이가 손을 뻗던 그 작은 몸짓, 심장이 먹먹해질 만큼 간절했던 눈빛까지도.

그 이야기를 듣는 순간, 나는 오래전 보았던 한 그림을 떠올렸다.

에우제니오 잠피기(Eugenio Zampighi)의 <어린아이의 첫걸음>은 19세기 말부터 20세기 초까지 이탈리아 시골과 가족의 일상을 정직하고 따뜻한 시선으로 담아낸 작가다. 잠피기의 작품은 특별한 절정의 순간이 아니라 오히려 누구나 지나치는, 그러나 누구도 쉽게 붙잡지 못하는 삶의 가장 부드럽고 소중한 장면들을 포착했다. <어린아이의 첫걸음>도 그런 그림 중 하나다. 제목 그대로 이제 막 처음으로 걸음을 떼려는 아기의 모습이 화면의 중심에 있다. 두 팔을 넓게 벌리고 무릎을 꿇은 엄마가 아기를 향해 기다리고 있다. 아기의 뒤편에서는 누이로 보이는 아이가 조심스럽게 손을 뻗어 넘어질까 봐 붙잡아 주고 있다. 그 옆에는 고양이 한 마리가 작은 눈동자를 반짝이며 이 작고 위대한 한 걸음을 지켜보고 있다. 그림 속 모든 등장인물의 시선은 오직 한 방향, 지금 여기, 이 작은 걸음을 향해 모아져 있다. 그 순간만큼은 세상의 모든 소리가 멈추고, 모든 공기가 그 아이의 첫발에 집중되는 듯하다.

나는 그 장면을 바라보다가, 문득 어느 부모의 뺨을 타고 흘러내렸을 눈물 한 방울을 상상하게 된다. 처음으로 걷는 그 짧고 찰나의 순간. 그것은 단순히 아이의 움직임이 아니다. 그 안에는 부모가 견뎌낸 모든 기다림과 모든 성장통이 함께 담겨 있다. 배를 깔고 기어다니던 날들, 몇 번이고 넘어지고 다시 일어나기를 반복했던 수많은 시도, 밤새 열이 올라 불안에 잠 못 이루던 긴 밤들, 작은 이가 하나씩 돋아날 때마다 울고 웃던 그때의 시간들.

그 모든 날 들을 옆에서 지켜보며, 아무도 모르게 수없이 삼켜야 했던 부모의 깊은 한숨과 미소. 그 조마조마함과 그 애틋함, 그리고 무엇보다도 옆을 묵묵히 지켜본 누군가의 따뜻한 숨결이 그 한 걸음 안에 고스란히 담겨 있다. 아기의 첫 걸음은 사실 부모의 백만 번째 기다림 끝에 이루어진다.

"곧 걸을 것 같아요." 그 말은 종종 한 달, 길게는 몇 달 동안 계속된다. 오늘일까, 내일일까, 혹은 이번 주일까? 넘어질까 조마조마한 마음은 오히려 아이보다 어른의 심장을 더 세차게 두드린다. 그러다 어느 날, 아이는 예고도 없이, 그러나 분명한 의지를 담아 '내가 해볼게요.'라는 몸짓으로 앞으로 나아간다.

그 순간, 시간은 잠시 멈춘다.
주변의 모든 공기가 조용해지고, 모든 존재가 그 작은 발끝에 집중한다. 가슴 어딘가에서 치밀어 오르는 감정은 눈물로, 미소로, 떨리는 숨소리로 흘러나온다. 그러나 아이의 '처음'은 걷는 순간 하나만으로 끝나지 않는다. 처음으로 숟가락을 들고 밥을 떠먹을 때, 처음으로 "엄마" 혹은 "아빠"라고 불러줄 때, 처음으로 손을 뿌리치며 "나 혼자 할래."라고 말할 때. 그 모든 '처음'들은 아이의 성장이자 부모가 천천히 아이로부터 물러서기 시작하는 아주 서서히 다가오는 이별의 시작이기도 하다. 그래서 성장은 언제나 기쁨과 슬픔이 함께 깃들어 있는 일이다.

기다림이 길수록, 그 첫걸음은 더 눈부시다. 하지만 그 눈부심 속엔 언젠가 멀어질 것을 어렴풋이 아는 마음의 떨림이 함께 있다.

우리는 알고 있다.
그 작고 가벼운 한 걸음이 어느 날엔 부모의 손을 스르르 놓고 조금씩 멀어져갈 날로 이어진다는 것을. 그런데도 우리는 아이의 그 첫걸음을 온 마음으로 기다리고, 온 마음으로 기뻐한다.

기다릴 수밖에 없고, 기뻐할 수밖에 없다.
그게 부모라는 사람의 사랑이기에.

작은 성장의 벅찬 감동

잠피기의 그림 속, 엄마는 의자에 앉은 채 두 팔을 넓게 벌리고 있다. 다가오는 아이를 맞이하기 위한 그 자세는 그저 아이를 안아주기 위한 동작만은 아니다.

그 손끝에는, 말로 다 전해지지 않는 깊은 감정이 담겨 있다. 넘어질지도 모르는 아이의 그 첫걸음을 두려움 없이 받아주겠다는, 실패해도 괜찮다고 전해주는, 무언의 응원과 기다림의 메시지.

"너의 모든 시도를 나는 기꺼이 받아줄 준비가 되어 있어. 넘어져도 괜찮아. 네가 다시 일어설 수 있도록 나는 여기 있을 거야." 그 넓게 벌어진 팔은 어쩌면 이 세상에서 가장 단단하고도 따뜻한 준비 동작이다.

와, 어서 와.

네가 처음 내딛는 이 걸음을 나는 세상의 그 어떤 일보다 경이롭게 바라보고 있어. 네가 조금씩 앞으로 나아가는 그 순간을 나는 온 마음으로 축복하고 있어. 나는 종종 그런 생각을 한다. 아이가 성장하는 모습을 지켜보면서 사실은 부모인 나 자신도 함께 자라고 있다는 것을 우리는 늘 아주 나중에야 깨닫게 된다는 걸. 아이가 걸음을 뗄 때 그 순간을 단지 오래 기다려온 한 장면으로만 여겼지만, 그 작은 움직임이 내 안에서 무언가를 바꿔놓으리라고 그때는 미처 알지 못했다. 그날 이후, 아이는 더 자주, 더 멀리, 더 빠르게 내 곁에서 벗어나기 시작했고, 나는 어느 순간부터 그 작은 등을 바라보며 웃고 있었다. 멀어져가는 아이의 뒷모습을 바라보며 속으로 그렇게 말하고 있었다.

"그래, 이제 너는 나 없이도 조금씩 세상을 살아가겠구나."

그 말 한가운데에는 기특함과 아득함이 함께 자리하고 있었다. 어쩌면 그게 바로 부모라는 자리의 정체성일지도 모른다. 늘 가장 가까이에 있지만, 점점 멀어지도록 설계된 자리. 그리고 그 거리감을 끝없이 사랑으로 감싸는 역할. 아이가 내딛는 첫걸음은 단지 작은 움직임이 아니다. 그 순간만큼은 세상에서 가장 크고 위대한 사건이 된다. 말없이 모든 시선이 한곳으로 모이고, 숨소리조차 조심스러워지는 그 찰나. 그 안에는 가족이 함께 이룬 성장의 이야기, 수없는 응원과 기다림, 그리고 서로를 향한 깊은 믿음이 담겨 있다. 우리는 그렇게 아이를 바라보며 자신도 모르게 조금 더 어른이 되어간다. 아이를 지켜보는 시간이, 어쩌면 나를 성장시키는 시간이라는 것을 조금씩 알아간다.

앤 리모트는 말했다.
"아이는 천천히 앞으로 나아가고, 우리는 천천히 뒤로 물러선다. 그 사이가 바로 사랑이다."라고.

작은 발걸음 하나를 온 세상의 감동처럼 바라보는 그 마음, 넘어질지 조마조마해하면서도 두 팔을 넓게 벌려 아이를 기다리는 그 사랑과 기다림, 그 애틋한 마음이야말로 당신을 이미 충분히 좋은 부모로 만들어주고 있습니다.

아이와 함께 자라는 부모 마음을 위한 10가지 질문

Q1 오늘 내 아이가 처음으로 보여준 작은 변화는 무엇이었나요?

_____

_____

Q2 아이의 한 걸음을 바라보며, 내 마음속에서 일어난 가장 큰 감정은 무엇이었나요?

_____

_____

Q3 나는 얼마나 자주, 아이의 '첫 시도'를 진심으로 바라봐 주고 있었나요?

_____

_____

Q4 아이가 넘어졌을 때, 나는 어떤 말로 그 마음을 감싸주었나요?

_____

_____

Q5 '기다림'이라는 단어를 들을 때, 지금 내 마음에 가장 먼저 떠오르는 장면은 무엇인가요?

_____

_____

Q6   오늘 내가 무심코 흘려보낸 아이의 작은 시도는 무엇이었나요?

_____

_____

Q7   아이가 나에게 점점 멀어지고 있다고 느낄 때, 내 마음은 어떻게 반응하나요?

_____

_____

Q8   아이의 걸음보다 더 조심스러워지는 건, 혹시 나의 불안함일지도 모른다는 생각이 든 적이 있나요?

_____

_____

Q9   내가 부모로서 아이에게 보여주고 싶은 가장 중요한 '태도'는 어떤 모습인가요?

_____

_____

Q10   지금, 이 순간 아이가 나에게 가까이 다가온다면 나는 어떤 표정으로 두 팔을 벌리고 맞이할 수 있을까요?

_____

_____

감정 미술 놀이

걸음마다 사랑을 담다
〈어린아이의 첫걸음〉 첫걸음 기념 그림 놀이

너의 첫걸음은, 나의 두 번째 시작이었어요

준비물 도화지, 색연필, 스티커, 아이의 발 도장(혹은 손도장), 부모의 간단한 메모지

STEP 1 오늘 너는 어떤 걸음을 내디뎠을까?

질문 노트 Q1, Q2, Q6 중 하나를 골라, 오늘 아이가 보여준 작은 시도나 변화의 순간
을 떠올립니다.

- "처음으로 혼자 신발을 신으려 했을 때"
- "처음으로 먼저 사과한 순간"
- "숟가락을 혼자 들었을 때"

그 장면을 도화지 위에 부모가 그림처럼 남겨봅니다. 그림을 못 그려도 괜찮아요. 사
건의 감정만 담아도 충분합니다.

STEP 2 작은 발걸음, 큰 응원

아이의 발 도장 또는 작은 발 모양을 종이에 그려서 붙입니다. 그리고 그 옆에 부모
가 전하고 싶은 응원의 말 한마디를 씁니다.

- "너의 발걸음은 항상 사랑받고 있어."
- "넘어져도 괜찮아. 엄마는 기다릴게."
- "처음이니까, 더 아름다워."

STEP 3 **나의 마음도 자라고 있어요.**

질문 노트 Q3, Q5, Q7, Q8을 바탕으로, 부모 자신의 감정도 조용히 기록합니다.

- "오늘 너를 기다리는 동안, 나는 조급했지만 애썼어."
- "네가 멀어질 때 불안했지만, 다시 돌아와 줄 걸 믿고 있어."

이건 아이를 기다리는 내 마음의 성장 기록이 됩니다.

STEP 4 **아이와의 마음 약속**

질문 노트 Q9, Q10을 참고해, 앞으로 아이가 어떤 시도를 할 때, 내가 어떤 태도와 표정으로 맞이하고 싶은지를 약속의 문장으로 완성합니다.

- "다시 도전하는 너를 볼 때, 나는 웃는 얼굴로 두 팔을 벌릴게."
- "너의 작은 시도를 가장 먼저 바라봐 주는 사람이 되고 싶어."

놀이는 부모에게도 배움이다.

아이의 성장 순간은 단순히 아이만의 변화가 아닙니다. 그 순간은 곧 부모인 당신의 마음이 함께 자라고 단단해지는 성장의 시간입니다. 특히 아이의 '첫걸음'은 육체적 성장의 상징이자, 부모와 아이 사이에 흐르는 신뢰와 기다림, 응원의 감정을 가장 아름답게 보여주는 장면입니다. 아이는 넘어지기도 하고, 주저앉기도 하지만, 부모는 그저 조용히 두 팔을 벌린 채 그 자리에 서 있습니다. '빨리 와야 해.', '넘어지지 말아야 해.'라고 재촉하거나 불안해하기보다는, 스스로 속도로 걸어올 수 있도록 기다려주는 이 과정에서 부모 역시 함께 성장하게 됩니다.

〈어린아이의 첫걸음〉은 바로 그런 순간을 보여줍니다. 아이가 한 걸음 한 걸음 나아갈 때, 온 가족은 숨죽인 채 그 걸음을 지켜봅니다. 아이의 두려움도, 기쁨도, 조심스러움도 그 순간 모두 함께 나눕니다. 부모는 아이가 넘어질까 불안해하면서도 억지로 손을 잡아끌지 않고, 그저 두 팔을 넓게 벌린 채 아이가 자신의 힘으로 걸어오기를 기다립니다. 그 기다림 속에는 말로 표현되지 않는 깊은 신뢰가 흐르고 있습니다. 이 활동을 통해 부모는 아이의 걸음을 응원하는 가장 건강한 방식을 자연스럽게 발견하게 됩니다. 아이의 속도를 존중하며, 때로는 기다리고, 때로는 다가가며 함께 리듬을 맞추는 경험은 부모 자신에게도 큰 회복과 성장을 선물합니다.

"행복은 내일이나 언젠가가 아니라,
지금 여기에 있다."

– 틱낫한 *Thich Nhat Hanh*

장 시메옹 샤르댕

<감사기도>

가장 평범하고도 따뜻한 기적을 보다

장 시메옹 샤르댕(Jean-Simeon Chardin) <Saying Grace>

엄마의 밥상, 그 위에 놓인 하루의 기적

며칠 전, 장 시메옹 샤르댕의 <감사기도> 앞에 한참을 멈춰 서 있었다.

프랑스의 어느 평범한 가정집, 엄마는 저녁상을 차리고 있고, 두 아이는 조용히 손을 모은 채 기도를 올리고 있다. 낮은 유아용 의자에 앉아 엄마를 바라보는 어린 동생, 그 동생을 바라보며 차분히 고개를 숙이는 형의 모습. 별다른 것 없는 하루의 한 장면이었다. 정갈하게 빗은 머리, 고운 앞치마를 두른 엄마, 식탁 위에는 소박한 접시 몇 개와 단출한 식사. 화려한 색도, 과한 장식도, 설명을 위한 어떤 강조도 없다. 그런데도 왠지 모르게 가슴이 먹먹해졌다. 그림 속엔 과장된 감정 하나 없이, 담담하고 조용한 사랑과 평온이 흐르고 있었다. 그리고 그 고요 속엔 설명할 수 없는 그리움과 어쩐지 한 줌의 눈물마저 머물고 있었다.

왜 이 작고 평범한 장면이 이토록 마음을 울리는 걸까. 나는 그 답을, 그림이 그려질 당시 작가의 삶에서 찾았다. 샤르댕은 이 그림을 그릴 무렵, 이미 사랑하는 아내와 어린 딸을 먼저 떠나보냈고, 아홉 살의 어린 아들만 곁에 두고 있었다고 한다. 그림 속 드레스를 입은 아이가 사실은 아들이라는 사실은, 이 장면이 단순한 현실의 기록이 아니라 사라진 것을 불러내기 위한 그리움의 재구성임을 알려준다. 그는 아마 매일 저녁, 이토록 평온했던 식탁을 마음속에 다시 그리고 있었을 것이다. 아이의 손을 잡고 "감사하자."라고 말하던 아내의 목소리, 작은 발로 북을 치다 말고 쪼르르 달려오던 딸아이의 발소리, 한 식탁에 둘러앉아 나누었던 따뜻한 숨결들. 그 모든 '없어진 것들'을 잃어버린 자리에서, 그는 다시 그려넣고 싶었을 것이다.

그림 속 그 작은 기도의 장면은 그래서 단순한 일상의 스케치가 아니라 사랑을 기억하고 사랑을 복원하는 그의 기도였는지도 모른다. 그런데 이상하지 않은가. 이 그림 안에는 상실의 비통함도, 절망의 그림자도 보이지 않는다. 대신 흐르고 있는 것은 슬픔이 아닌 고요함, 허무가 아닌 따뜻함이다. 마치 샤르댕이 이 장면을 통해 이렇게 말하고 있는 듯하다.

"나는 괜찮다. 이 시간은 여전히 나의 축복이었다."

이따금 우리는 너무 쉽게 하루를 무심히 넘긴다. 아이의 웃음을 당연하게 여기고, 배우자의 수고를 놓치고, 밥상이 차려진 사실조차 고마워하지 못한 채 피곤하다는 말만 반복하며 하루를 흘려보낸다. 하지만 문득, 이런 질문이 마음에 스친다.

"이 평범한 하루가 내게서 사라진다면, 나는 가장 먼저 무엇을 그리워하게 될까?"

아이의 숟가락질 소리일까.
저녁 준비를 하며 흥얼거리던 나의 콧노래일까.
아니면 기도를 하자며 조용히 두 손을 모으던 아이의 작은 손짓일까.

어쩌면 우리가 매일 아무렇지 않게 지나치는 '그냥 그런' 하루들은, 사실 매 순간 작고 빛나는 기적의 연속인지도 모른다. 진짜 기적은 거창한 사건이나 커다란 변화 속에 있지 않다.

기적은 오늘 안에 있다.

이 평범하고 당연해 보이는 하루 속에 있다. 아무렇지 않게 식사를 함께하는 저녁, 별것 아닌 농담에도 함께 웃고, 티격태격하다가도 결국 꼭 안아주는 밤. 그 모든 순간이 언젠가는 샤르댕의 그림처럼 아득한 기억 속에만 남게 될지도 모른다. 그래서 오늘만큼은 내가 사랑하는 이들의 얼굴을 조금 더 오래 바라본다. 아이의 작은 손을 조금 더 오래 붙잡아 본다. 밥상 위, 소박하게 놓인 그릇을 감사한 마음으로 바라본다.

언젠가 가장 그리워할 이 평범한 하루에 감사합니다

샤르댕의 그림을 바라보며 나는 문득 생각했다. 오래전, 그 그림 앞에 서 있던 루이 15세가 왜 그토록 쉽게 마음을 빼앗겼는지, 어쩌면 그 이유도 여기에 있지 않았을까. 세상의 어떤 부도, 어떤 권력도 대신할 수 없는 것. 우리가 매일 지나치듯 살아내는 이 평범한 하루가 사실은 가장 위대한 풍경이라는 것을 그 그림은 조용히, 그러나 단단하게 간직하고 있었으니까.

'엄마의 밥상'이라는 언제나 가장 가까이에 있으면서도 때로 가장 쉽게 잊히는, 그러나 결국 가장 따뜻한 기적. 그래서 오늘, 나는 작게나마 이 평범한 날에 기도를 드린다.

"이 하루에 감사합니다. 이 아무렇지 않은 날에, 감사합니다."

별일 아닌 듯 흘러가는 오늘이 사실은 얼마나 귀한 날인지, 아무렇지 않아서 더 고마운 이 시간과, 아무렇지 않게 내 곁에 있어 주는 소중한 사람들에게 내가 얼마나 많은 빚을 지고 있는지. 우리는 어쩌면 너무 거창한 기적만을 기다려왔는지도 모른다. 하지만 진짜 기적은, 오늘처럼 변함없이 반복되는 하루 안에 있었다. 밥을 짓고, 아이와 눈을 마주치고, 누군가의 이름을 불러주고, 또 하루를 무사히 살아내는 일상. 그 소소한 기적들을 알아볼 줄 아는 사람이 진짜 행복한 사람 아닐까. 아무렇지 않은 날들이 사실은 우리 인생에서 가장 특별했던 날들이었다는 것을,

그 순간을 마음속에 매일 새겨둘 수 있다면 우리는 이미, 충분히 감사한 삶을 살고 있는 것인지도 모른다. 그리고 나는 이렇게도 생각한다. 당신이 느끼는 모든 감정은 존중받아야 마땅한, 소중한 마음이라는 것을. 슬픔도, 외로움도, 지침도, 미안함도, 그 모든 감정이 사랑에서 비롯된 것이라면, 그 마음 안에 이미 다정한 온기가 깃들어 있다면, 당신은 이미 충분히 좋은 부모다. 내 안의 소리를 들어주는 사람이 있다는 것만으로 절규는 덜 외로워지고, 내 기도를 들어주는 누군가가 있다는 그것만으로 하루는 덜 고단해지며, 내 평범한 하루를 기적으로 바라봐 주는 시선이 있다는 것만으로 삶은 덜 허무해진다.

루시 모드 몽고메리는 말했다.
"지금, 이 순간, 아무 일도 일어나지 않는 이 시간이 언젠가 가장 그리운 기억이 될 것이다."라고.

지금, 이 순간, 이 평범한 하루가, 나에게는 가장 귀한 축복임을 잊지 않는 당신은, 이미 충분히 좋은 부모입니다.

지금이 가장 소중한 당신을 위한 10가지 질문

Q1 오늘 하루 중, 내가 당연하게 여긴 풍경 중 하나를 떠올려 본다면 어떤 장면이 떠오르나요?

_____

_____

Q2 아이의 어떤 행동을 마지막으로 '예쁘다.' 또는 '고맙다.'라고 느꼈나요?

_____

_____

Q3 지금, 이 순간 내 곁에 있는 사람에게, 나는 어떤 감사의 마음을 전하지 못하고 있나요?

_____

_____

Q4 오늘의 밥상 위에서, 나는 얼마나 자주 '이것이 기적이다.'라고 느껴보았나요?

_____

_____

Q5 매일 반복되는 이 일상이 언젠가 사라진다면, 나는 가장 먼저 무엇을 그리워할까요? 때로 서툴고, 때로 지치고, 때로 흔들리지만, 당신은, 이미 충분히 좋은 부모입니다.

_____

_____

Q6 나는 얼마나 자주, '지금, 이 순간'의 소중함을 말없이 바라본 적이 있나요?

_____

_____

Q7 내 아이에게 매일 해주는 사소한 일 하나가, 시간이 지나면 어떤 기억으로 남을까요?

_____

_____

Q8 누군가의 기도와도 같은 '엄마의 밥상'을 나 자신에게도 차려주고 있나요?

_____

_____

Q9 내가 가장 지쳤을 때, '이렇게 평범하게 함께할 수 있어 고맙다.'라고 생각한 적이 있었나요?

_____

_____

Q10 오늘 내가 놓치지 않고 꼭 붙들고 싶은 평범한 장면 하나를 마음속에 그려본다면?

_____

_____

마음으로 차린 감사 밥상

〈감사기도〉 '하루의 감사 밥상' 감정 표현 놀이

오늘 아무렇지 않게 지나간 풍경이, 언젠가 가장 따뜻한 기억이 됩니다

(준비물) 종이 식판 그리기 템플릿, 색연필, 스티커, 감사 단어 카드

- -

(STEP 1) **오늘의 밥상에 올라온 감사 한 접시 A4 종이에 식판 모양을 나눠서 그립니다.**

 – 큰 접시: 오늘의 '주요 감사'
 – 작은 접시들: 오늘의 '작은 기쁨', '나를 위한 응원', '누군가를 위한 마음'

칸마다 오늘 있었던 감사한 순간, 평범하지만 놓치고 싶지 않은 장면을 떠올리며 그림 또는 글로 채웁니다. 질문 노트 Q1, Q2, Q4, Q5 등을 참고해요.

 – 큰 접시: 아이랑 웃으며 같이 밥 먹은 시간
 – 작은 접시: 남편이 조용히 치워준 식탁, 스스로 잘 잰 아이, 따뜻했던 국물 한 입

(STEP 2) **고마운 사람 이름 올리기**

질문 노트 Q3, Q6, Q9를 활용해 오늘 고마웠지만 말하지 못한 사람의 이름을 접시 옆에 적습니다.

- "오늘 엄마에게는 '나도 몰랐던 고마움'을 많이 느꼈어요."
- "아이는 말없이 나를 안아주었어요."

이 이름들은 작은 마음의 기도문이 됩니다.

STEP 3 나 자신을 위한 따뜻한 반찬 하나

질문 노트 Q8, Q10을 참고하여 오늘 나에게 꼭 해주고 싶은 자기 돌봄의 표현을 하나 그려 넣습니다.

- 차분히 혼자 마신 커피 한 잔
- 말없이 바라본 아이의 옆모습
- 피곤했지만 만들어낸 따뜻한 국

그림 옆에는 말풍선을 달아 '오늘도 고마워, 나 자신에게.'라고 말해보는 것도 좋아요.

놀이가 바꾸는 우리의 삶

일상이 곧 기도이며 감사라는 감정 훈련을 자연스럽게 실천할 수 있습니다. 부모가 자기 자신에게도 돌봄과 인정을 건네는 시간을 마련할 수 있습니다. 아이와 함께 참여하면, 감사의 언어와 감정 기억의 근육을 자라게 해줍니다. 이 활동은 부모가 자기 자신을 돌보며, 나 또한 사랑받아 마땅한 존재임을 자각하는 시간을 마련해 줍니다. 그리고 아이와 함께 이 과정에 참여하면, '감사의 언어'와 '감정 기억의 근육'을 자연스럽게 길러줄 수 있습니다. 어떤 감정도 억누르거나 부정하지 않고, 하루의 고마움과 애씀을 스스로 인정하고 축복해 주는 연습. 이것은 부모와 아이 모두의 내면에 회복력을 키우고, 삶을 바라보는 시선을 부드럽게 바꿔 줍니다. 이때 중요한 것은 '잘해야 한다.'라는 부담이 아닌, 있는 그대로의 일상에서 내가 이미 충분히 애쓰고 있다는 사실을 발견하는 것입니다.

〈감사기도〉는 수많은 말보다 더 단단한 고요함으로, 이 평범함이 얼마나 귀한지를 말해주는 그림입니다. 지금 당신이 매일 준비하는 그 식탁, 아이에게 말을 건네는 그 순간, 오늘도 잊지 않고 품고 싶었던 그 풍경 하나, 어쩌면 그것이 바로 당신만의 기도일지도 모릅니다.

"아이들은 우리가 그들을
얼마나 사랑하는지를 말보다
우리의 눈빛과 자세에서 느낍니다."

– 하임 기너트 *Haim Ginott*

에우제니오 잠피기

<이야기 시간>

웃는 표정에서 가장 빛나는 시간을 보다

에우제니오 잠피기(Eugenio Zampighi) <story time>

아이의 짧은 말속에 마음이 들어 있다

며칠 전, 수업을 마치고 한 아이와 잠시 이야기를 나눴다. 아무렇지 않게 웃고 있던 아이였지만, "오늘은 엄마랑 아침에 말 안 했어요."라는 말 뒤로 살짝 떨리는 눈빛이 따라왔다. 그 아이의 마음은 '화가 났다.'보다 '서운하다.'에 가까웠고, '무시당했다.'보다 '보고 싶다.'라는 감정에 더 닿아 있었다. 말은 짧았지만, 그 안에 담긴 마음은 길고 깊었다. 그래서 아이의 마음을 읽는다는 건, 말 자체가 아니라 그 말이 머뭇거리는 순간부터 귀 기울이는 일이다.

그날 밤, 나는 에우제니오 잠피기의 <이야기 시간>이라는 그림 앞에 오래 멈춰 섰다. 잠피기는 농민들의 삶을 이상화하며, 잔잔한 순간 속에 스며든 인간의 진심과 따스함을 그려냈다. 특히 사진작가로서의 경험을 바탕으로, 실제 농부와 가족을 생생하게 연출한 장면을 회화로 옮겼다. 그 덕분에 그의 그림 속 인물들은 연극적인 과장이 아닌, 자연스러운 삶의 표정과 몸짓을 지니고 있다.

<이야기 시간> 또한 그런 작품이다. 제목 그대로 이야기를 들려주는 엄마와 그 이야기에 몰입한 두 아이의 모습을 담고 있다. 엄마의 무릎 위에는 책 한 권이 놓여 있고, 한 아이는 벤치에 누워 책에 코를 박은 채, 다른 아이는 엄마의 무릎에 기댄 채 귀를 기울인다. 고양이와 병아리마저도 이야기 속에 함께 빠져든 듯, 그 곁에 조용히 머물러 있다.

이 장면은 단순한 독서 시간이 아니다. 이는 '말'이 아닌 '마음의 대화'를 보여주는 순간이다. 잠피기의 작품에는 커다란 사건도, 극적인 구성이 없다. 하지만

그 안에는 삶의 본질적인 친밀함과 관계의 깊이가 흐른다. 눈빛과 손끝, 숨소리와 작은 몸짓들로 엮어진 정서적 교감이 화면을 가득 채운다. 말보다 중요한 것이 무엇인지, 이 장면은 조용히 말해준다.

아이들은 자주 말하지 않는다. 그러나 아이들은 늘 느끼고 있다. 사소한 표정 하나, 어른의 말투 하나, 짧은 무관심의 순간까지도 민감하게 감지하며 그 감정을 자기만의 방식으로 해석한다. 그래서 아이의 마음을 진짜로 들여다보려면, 먼저 그 해석의 시간을 기다려야 한다. "왜 그랬어?"라는 다그침보다 "속상했겠다."라는 공감의 언어가 먼저여야 하고, "괜찮아?"라는 확인보다 "나는 네가 힘들었을까 봐 마음이 쓰여."라는 진심이 먼저 전해져야 한다.

감정은 설명으로 닿지 않는다. 감정은 공감으로 이어진다.

<이야기 시간> 속 엄마는 책을 읽어주고 있다. 그러나 실은, 그녀가 진짜로 읽고 있는 것은 책 속 이야기가 아니다. 아이들의 반응, 눈빛, 고요한 숨소리, 작은 손짓과 그 미세한 움직임까지도 함께 읽어내고 있다. 어쩌면 그녀는 책보다 아이의 마음에 더 귀 기울이고 있는지도 모른다. 그것이 이야기를 듣는다는 것, 그것이 관계를 살아낸다는 것의 진짜 의미다.

잠피기의 그림은 우리에게 묻는다.

"지금, 당신은 아이의 말을 듣고 있는가, 아니면 아이의 마음을 듣고 있는가." 라고.

아이들은 종종 자신의 감정을 설명할 언어를 갖지 못한다. 그래서 힘들 때면 이렇게 말하곤 한다.

"그냥 싫었어요."

"몰라요."

"아무것도 아니에요."

그러나 우리는 알고 있다. 그 '아무것도 아닌'이라는 말 안에 얼마나 많은 감정이 숨어 있는지를. 그래서 감정을 연결하는 대화는 설명이 아니라, 함께 머무는 시간이어야 한다. 이해하려 애쓰기보다, 그 곁에 잠시 가만히 앉아 있는 것. 말보다 더 깊은 마음의 이야기를 듣기 위해 필요한 것은 거창한 가르침이 아니라, 귀 기울이는 자세와 머무는 용기다.

잠피기의 <이야기 시간>은 그것을 조용히, 그러나 깊이 있게 말해준다. 감정은 설명하지 않아도 전해질 수 있다는 것을. 그리고 우리가 아이의 곁에 앉아 있는 그 시간이야말로, 아이가 가장 듣고 싶었던 이야기라는 것을.

감정을 연결하는 진짜 대화

그림 속 엄마는 아이들에게 이야기를 읽어주고 있다. 책을 손에 들고 있지만, 그녀의 시선은 글자 위에 오래 머물지 않는다. 아이의 얼굴, 그 표정, 미세하게 떨리는 속눈썹, 살짝 벌어진 입술. 엄마는 책을 읽는 것이 아니다. 아이를 읽고 있다. 글자가 아니라 눈빛을 따라가고, 문장이 아니라 마음을 더듬는다. 어떤 말에 아이가 눈을 반짝이는지, 어디에서 숨을 고르고 있는지, 엄마는 그 모든 작은 움직임을 놓치지 않는다. 한 아이는 벤치에 몸을 기댄 채, 다른 아이는 살짝 엄마

무릎에 몸을 기대고. 가까이 있지만 너무 들이대지 않는, 적당한 거리와 따뜻한 온기. 엄마의 몸짓은 그저 읽어주는 사람이 아니라, 지켜봐 주는 사람의 몸짓이다. 그 집중의 눈빛, 아이 옆에 자연스레 기울어진 몸, 책을 넘어 아이를 바라보는 그 시선. 그 모습은 너무도 따뜻하고 단단해서 그림 바깥에 있는 우리까지 조용히 감싸안는다. 그림 속 고양이와 병아리들까지도, 그 평화롭고 다정한 공간의 일부가 된다.

우리는 종종 이렇게 묻는다.
'나는 좋은 부모일까?'
'오늘도 아이를 상처 준 건 아닐까?'
'왜 이렇게 아이 마음이 어렵게만 느껴질까?'

그 질문은 참 오래 우리 마음속에 머문다. 툭툭 내뱉은 아이의 말 한마디에, 예상치 못한 아이의 표정 하나에 우리는 쉽게 흔들린다. 마음을 읽는 일은 어떤 대단한 육아 철학이나 거창한 기술이 필요한 일이 아니다. 하루 중 단 몇 분이면 충분하다. 아이가 아무 말 없이 문을 닫고 들어갔을 때, 그저 문 너머의 마음을 한 번쯤 떠올려 보는 것. 오늘 아이가 했던 말, 그 짧은 문장들 속에 숨어 있는 감정을 한 번 더 헤아려보는 것.

"왜 그랬어?"보다는 "서운했겠다."라고, "그러면 속상하지."라고, 먼저 마음으로 다가가 보는 것. 감정을 해석하기보다, 감정을 느끼고자 하는 태도. 그리고 무엇보다도, 아이 마음에 먼저 손 내밀고 싶은 그 마음 하나.

그게 바로 '연결'이다.

연결은 엄청난 노력이 아니라, 잠시 멈추어 바라보는 것에서 시작된다. 말보다 먼저 표정을 읽고, 조언보다 먼저 마음을 들어주는 일. 엄마가 읽어주는 책보다 더 중요한 것은 아이 마음을 읽으려는 엄마의 시선이다. 그 시선은 아이를 변화시킨다. 그리고 그 시선은 부모 자신도 위로한다. 우리가 위로받을 자리가 너무 없어서 때로는 아이에게 미안한 마음으로 하루를 끝내더라도. 그런 날에도 아이와 눈이 마주쳤던 그 한순간, 아이의 말 없는 감정에 잠시라도 귀 기울였던 그 시간이 우리 모두를 조금씩 구원한다.

사랑은 완벽함이 아니라, 서툰 걸음을 멈추지 않는 마음이다. 자꾸만 흔들리고 후회하면서도 다시 손 내미는 그 마음이 사랑이다. 그러니 오늘 하루, 꼭 많은 걸 하지 않아도 괜찮다. 잘 가르치지 않아도 괜찮다.

브레네 브라운은 말했다.
"연결은 우리가 서로의 감정을 알아차릴 때 생겨난다."라고.

말보다 마음을 먼저 들여다보려는 당신, 그 따뜻한 시선만으로도 이미 충분히 좋은 부모입니다.

아이의 짧은 말과 마음이 연결된 당신을 위한 10가지 질문

Q1 오늘 아이가 했던 짧은 한마디 속, 어떤 감정이 숨어 있었나요?

_____

_____

Q2 아이가 '몰라요.', '그냥 싫어요.'라고 말했을 때, 나는 어떤 시선으로 바라보았나요?

_____

_____

Q3 최근 아이가 설명하지 못한 감정을, 나는 어떤 방식으로 함께 느껴주었나요?

_____

_____

Q4 오늘, 아이의 표정과 눈빛을 가만히 바라본 순간이 있었나요?

_____

_____

Q5 '왜 그랬어?'보다 '속상했겠다.'를 먼저 건넸던 기억이 있다면, 그때 아이는 어떻게 반응했나요?

_____

_____

Q6 내가 아이와 함께했던 '이야기 시간' 중 가장 마음이 통했던 장면은 언제였나요?

_____

_____

Q7 아이가 내 마음을 '선생님은 그걸 아네요.'라고 알아준 적이 있다면, 그건 어떤 순간이었나요?

_____

_____

Q8 오늘 아이와 나눈 대화 중, 가장 감정이 연결되었다고 느꼈던 순간은 무엇이었나요?

_____

_____

Q9 나는 지금, 아이의 마음이 머무는 자리를 향해 걸어가고 있나요, 아니면 설명만 하고 있나요?

_____

_____

Q10 내 진심이, 아이의 마음 문을 조심스레 두드려준 장면은 어떤 모습이었나요?

_____

_____

마음이 말한 이야기
〈이야기 시간〉 눈빛 읽기 공감 놀이

말보다 마음이 먼저 들리는 순간을 그리는 시간

(준비물) 도화지, 색연필, 감정 카드 또는 얼굴 그림 카드, 손거울 (선택), 스티커

STEP 1 오늘 너의 얼굴은 어떤 이야기였을까?

질문 노트 Q1, Q2, Q4 중 하나를 고르고 아이와 부모가 서로의 얼굴을 바라보며 오늘 가장 기억에 남는 표정을 이야기해요.

- "네가 오늘 '몰라요.'라고 했을 때, 엄마는 어떤 마음이었을까?"
- "그때 너 표정이 조금 울먹이던 것 같았어."

아이에게는 거울을 주고, 오늘의 자신을 떠올려 보게 해도 좋아요.

STEP 2 감정 눈빛 그림 그리기

오늘 느낀 감정 하나를 골라, 그 감정을 '눈빛 중심의 얼굴'로 그림으로 표현합니다.

- 동그랗고 반짝이는 눈: 기대
- 살짝 밑으로 처진 눈: 서운함
- 눈을 꼭 감은 모습: 복잡한 마음

그림 아래에는 그 감정을 표현하는 짧은 문장을 덧붙입니다. 다만 그 작은 마음의 언어에 귀 기울였다면, 그 순간, 당신은 이미 충분히 좋은 부모입니다.

- "그 말이 서운했지만, 어떻게 말해야 할지 몰랐어요."
- "웃었지만 속은 조금 긴장됐어요."

STEP 3 · 감정 읽기 대화

질문 노트 Q3, Q5, Q7, Q9를 참고해 아이와 서로의 그림을 보며 이렇게 물어봅니다.

- "이 표정을 보면 무슨 마음이 떠올라?"
- "이 감정을 말하지 않고도 알 수 있었던 순간이 있었어?"

부모도 자신의 감정 그림을 통해 아이에게 설명보다 공감으로 다가간 순간을 나눠보세요.

STEP 4 · 우리가 나눈 마음 이야기 기록하기

마지막으로, 오늘 아이와 나눈 대화 중 마음이 연결되었다고 느낀 장면을 짧은 글이나 그림으로 기록합니다. 질문 노트 Q6, Q8, Q10에서 실마리를 얻을 수 있어요.

- "책을 읽으며 너랑 마주 앉았던 시간, 마음이 참 따뜻했어."
- "네가 말없이 내 무릎에 앉아왔을 때, 말보다 큰 대화를 나눈 것 같았어."

놀이가 우리 사이의 거리를 좁혀줍니다.

'이야기 시간'은 단순히 지식을 전달하거나 정보를 주고받는 시간이 아닙니다. 그보다 더 본질적인, 감정의 흐름이 오가는 '연결의 시간'이 될 수 있다는 감각을 회복하게 해줍니다. 우리는 종종 책을 읽어주며 무엇을 얼마나 잘 가르쳤는가에 집중하지만, 진짜 중요한 것은 이야기 속에서 서로의 마음이 어떻게 머물고, 닿고, 열리나 입니다. 이 과정에서 특히 중요한 것은 '비언어적 공감력'입니다. 눈빛, 표정, 몸의 방향, 고개를 끄덕이는 작은 움직임들 이런 비언어적 요소들은 말보다 더 깊이 감정을 전달하고, 신뢰를 쌓아가는 중요한 언어가 됩니다. 아이들은 어른의 말보다 그 말이 전해질 때의 표정과 눈빛을 먼저 읽습니다. 그래서 이야기 시간은 아이의 말과 표정, 숨결 하나하나에 귀 기울이는 훈련이 될 수 있습니다. 이것은 곧, 부모가 아이의 감정 신호를 알아차리는 민감성을 키우고, 아이 역시 자신의 감정을 존중받고 있다는 경험을 통해 자기 이해와 자기 표현력을 확장해 가는 기회가 됩니다.

〈이야기 시간〉 속 장면은 한 아이가 전해주는 이야기를 어른이 온 마음으로 다정하게 들어주는 모습을 보여줍니다. 이 장면은 우리에게 '마음을 같이 읽는다는 것'이 지식보다 먼저 배우고 익혀야 할 가장 중요한 언어임을 알려줍니다. 아이의 이야기를 듣는 동안 부모가 보여주는 그 작은 눈빛과 고요한 기다림, 서두르지 않고 감정을 함께 머물러주는 그 시간 자체가 아이에게는 가장 안전하고 따뜻한 배움의 환경이 됩니다. 오늘 당신이 아이와 나눈 이야기 속에서, 무엇을 얼마나 잘 가르쳤는가보다 얼마나 진심으로 바라보고, 얼마나 다정하게 마음을 쓰다듬어주었는지를 먼저 떠올려 보세요.

"부모가 자식에게 줄 수 있는
가장 위대한 유산은
말보다 먼저 살아낸 삶의 태도다."

– 존 우드 *John Wood*

<두 명의 집시 여인>

조용한 동행, 깊은 존중

페데르 세베린 크뢰위에르(Peder Severin Krøyer) <two gypsy women outside their home>

함께 있다는 것만으로 충분한 우리

부모와 자식

하늘이 맺어준 이 인연은 단순히 생물학적 혈연을 넘어선 삶의 결을 함께 나누는 동행이다. 서로 다른 세대, 서로 다른 감정의 언어, 서로 다른 삶의 속도를 갖고 있지만 그럼에도 불구하고 우리는 같은 시간 속을 나란히 걷는다. 물론 그 시간의 흐름은 항상 평탄하지 않다. 때로는 벼랑 끝처럼 느껴지고 때로는 서로를 이해하지 못해 서운함과 오해가 쌓이기도 한다. 그러나 참 신기하게도 가장 평범하고 조용한 어느 날, 그런 모든 벽이 스르르 허물어지는 순간이 찾아온다.

어느 늦은 오후, 나는 어머니와 함께 부엌에 서 있었다. 모처럼 모인 가족들을 위해 차를 우려내며, 비록 마주 보진 않았지만, 말없이 함께 있다는 사실만으로도 충분했다. 그렇게 소리 없이 보내는 시간이 잔잔한 위안과 따스함을 선사했다. 문득 나는 덴마크 화가 페데르 세베린 크뢰위에르가 그린 <두 명의 집시 여인>이라는 그림이 떠올랐다.

그림 속에는 햇살 가득한 야외 한편에 돌담과 돌집이 보인다. 돌담 앞에는 두 명의 집시 여성이 나란히 앉아 있다. 왼쪽의 젊은 여성은 고운 꽃을 엮으며 환한 미소를 짓고 있고, 오른쪽의 성숙한 여성은 바느질에 집중한 채 진지한 표정을 짓고 있다. 두 사람의 다리는 모두 편히 뻗어 있고, 그 곁에는 갓난아이가 고요히 잠들어 있다. 언뜻 보면 두 사람은 대화하지 않는 듯해 보이지만, 그림 전체에 흐르는 평온함과 따스함에서 말없이 서로를 이해하는 마음을 느낄 수 있다. 이 그림을 통해 나는 말 없는 교감과 세대 간의 공감대를 떠올린다. 눈을 맞추지는 않지만 두 사람은 서로의 존재만으로도 위로가 되어준다. 어머니가 바느질하며 삶의 경험을 쌓아가는 동안, 딸은 꽃잎 하나를 만지작거리며 소소한 기쁨을 누린다. 서로 다른 역할을 하면서도 함께 같은 햇살과 바람을 맞으며 시간을 보내고 있음을 이들이 묵묵히 알려주는 것 같다. 이 모습은 내가 자랐던 가족의 풍경과도 닮았다. 어린 시절, 나는 어머니와 함께 말없이 텔레비전을 보며 콩나물을 다듬기도 하고 계란 거품을 내며 빵을 만들기 위해 집중했던 장면들이 기억난다. 서로 말을 하지 않아도 같은 공간에서 각자의 일을 한다는 사실만으로 우리는 서로를 이해하고 위로받았다. 부모와 자녀는 같은 시대를 살아가지만 서로 각기 다른 세계 속에서 성장해 간다는 것을 그림 속 어머니와 딸의 모습에서도 느낄 수 있다.

<두 명의 집시 여인>은 말없이 말한다. 부모와 자녀는 같은 시간 속에서 서로 다른 삶을 살아가지만, 함께 같은 공간을 공유하며 성장해 간다. 아무 말 없이도 서로를 이해하며 보듬어 주는 사랑이야말로 가족의 진정한 의미가 아닐까. 이 그림 속 따스한 햇살과 정겨운 표정이 말해주듯, 우리도 서로 다른 길을 걷더라도 같은 시간 속에서 서로의 곁을 지켜 주며 함께 자라갈 것이다.

우리는 종종 부모와 자식이라는 관계를 너무 당연하게 여기곤 한다. 가까운 존재일수록 더 잘 알 것이라고 무조건 이해할 수 있을 거라고 착각한다. 하지만 때론 가장 가까운 사이가 가장 멀게 느껴지기도 한다. 부모는 자식을 이해하고 싶어 하지만 세대의 틈은 생각보다 넓다. 자식은 부모의 마음을 알고 싶어 하지만 그 마음속 깊이에 닿기란 생각만큼 쉽지 않다.

그런 우리에게 필요한 건 말이 아니라 시간이고 설명이 아니라 함께함이다.

함께 요리하는 시간, 같은 공간에서 같은 일을 하며 나누는 그 조용한 동행이야말로 우리가 서로를 알아가는 가장 좋은 방식이다.

같은 길 위, 서로를 배우는 사이

그림을 바라보며 이런 상상을 해본다.

두 명의 집시 여인은 말을 아끼지만, 서로를 향한 마음만은 분주하다. 나른한 오후의 햇살 아래, 한 여인은 오래된 바느질을 고요히 이어가고 있고, 다른 여인은 그 손끝을 물끄러미 바라보며 속으로 되뇐다. '그동안 너도 나처럼, 버티며 지내왔구나.' 말없이 주고받는 눈빛엔 서로를 향한 미안함과 고마움이 동시에 담겨 있다. 그것은 오랜 유랑 끝에 마주 앉은 이들의 깊은 존중이다. 서로 다른 상처와 시간을 통과해 온 두 사람의 삶이 이 조용한 풍경 속에서 겹쳐지며, 작은 안도처럼 머문다. 그건 서로를 향한 깊은 존중이다. 서로 다른 시간대를 통과해 온 두 사람의 삶이 바라보는 따뜻한 시선 속에서 조용히 포개진다.

우리는 그렇게 산다.

자식을 키우며 때로는 이해할 수 없는 말과 행동에 마음이 다치기도 하고, 때로는 내가 정말 어른이 맞는가 싶을 만큼 스스로 흔들리기도 한다. 그럼에도 불구하고 아이와 나란히 앉아 함께 사과를 깎거나 밥을 짓고, 김을 굽는 그런 일상에서 서로에 대한 사랑을 확인하게 된다.

부모와 자식이라는 인연은 단지 피로 이어진 관계가 아니다. 그건 끊임없는 대화이고 끊임없는 관찰이며 서로를 향한 애정 어린 연습이다. 잘 보이지 않을 수도 있고 때로는 불편하거나 서투를 수도 있지만 그 시간은 절대 헛되지 않다. 페데르 세베린 크뢰위에르가 전하고자 했던 메시지도 결국 그것이 아닐까. 일상의 작은 장면 말없이 나누는 감정 그리고 반복되는 일 속에서 발견되는 따뜻함. 그 모든 것이 모여 '가족'이라는 이름의 역사가 된다.

그림 속 그 짧은 순간처럼 우리가 함께 나누는 일상의 장면들이 결국은 우리가 서로에게 남길 수 있는 가장 따뜻하고 위대한 유산이 된다.

그러니 기억하자. 우리가 오늘 나눈 이 평범한 하루가 언젠가 누군가에겐 생생한 추억이 되고 또 다른 누군가에겐 삶을 버텨낼 힘이 될 수도 있다는 것을. 함께 밥을 먹고 함께 웃고 함께 하는 그 모든 순간이 우리를 이어주고 있다는 사실을 우리는 같은 시간을 다르게 살아가지만, 서로를 품은 그 순간만큼은 함께 자라고 있었다.

존 우드(John Wood)는 말했다.
"가장 위대한 유산은, 우리가 함께한 시간 속에 있다."라고.

같은 길 위에서 함께 자라고 있는 당신은, 이미 충분히 좋은 부모입니다.

함께 있다는 것만으로도 충분한 당신을 위한 10가지 질문

Q1 오늘 아이와 함께한 평범한 장면 중, 마음 깊이 남은 순간은 무엇이었나요?

_____

_____

Q2 최근 부모님과 나눴던 조용한 시간이 있다면, 그 안에서 어떤 감정을 느꼈나요?

_____

_____

Q3 우리는 얼마나 자주 말보다 '같이 있는 시간'으로 서로를 이해하려 하고 있었나요?

_____

_____

Q4 꽃을 엮듯이, 아이의 말 없는 마음을 조용히 들여다본 적이 있었나요?

_____

_____

Q5 아이와 나의 대화에서 '설명'보다 '함께함'이 더 중요하다고 느꼈던 순간은 언제였나요?

_____

_____

Q6   '지금 곁에 있어 줘서 고마워.'라는 말을, 나는 가장 마지막으로 누구에게 했나요?

_____

_____

Q7   부모와 자식의 관계 속, 내가 가장 성장했다고 느꼈던 순간은 언제였나요?

_____

_____

Q8   아이와 함께한 반복적인 일상 중 '이 시간이 참 따뜻하다.'라고 느꼈던 때는 언제였나요?

_____

_____

Q9   나는 얼마나 자주 아이에게 나의 고요한 신뢰를 보여주고 있었나요?

_____

_____

Q10   오늘 내가 나눈 '작고 조용한 시간' 하나를 떠올려 본다면, 그것은 어떤 장면인가요?

_____

_____

같이 있는 시간 그리기
〈두 집시 여인〉 '함께함'의 조용한 기록 놀이

말보다 오래 남는 건, 함께 엮어낸 시간 속의 사랑입니다

(준비물) 도화지, 색연필 또는 파스텔, 감정 색상표, 오늘의 장면 메모지

STEP 1 감정의 색깔로 채우기

그림 위에 오늘 그 순간에 느낀 감정을 색으로 덧입힙니다.

- 연한 갈색: 익숙한 평온함
- 옅은 파랑: 말 없는 이해
- 노란빛: 고마움
- 회갈색: 고단함 속의 따뜻함

질문 노트 Q4, Q9를 떠올리며 그 순간 아이의 마음을 조용히 떠올려 봅니다.

STEP 2 작고 조용한 말 한마디

질문 노트 Q6, Q7을 바탕으로 그 장면 속에 담고 싶은 짧고 진심 어린 문장 하나를 그림 하단에 메모처럼 붙여요.

- "이런 시간이 나를 키워줬어요."
- "당신이 곁에 있어 줘서 고마웠어요."

— "우리 사이에는 말보다 더 오래 남는 게 있어요."

STEP 3 '함께' 앨범 만들기(연속 활동으로 발전 가능)

이렇게 매주 한 장면씩 '함께한 시간'을 그림과 글로 기록해 나가면 부모와 아이의 '말 없는 사랑 기록 앨범'이 완성됩니다. 아이와 함께 그림을 보며 나눌 수 있는 질문도 덧붙여요.

— "이날 엄마 표정 기억나?"
— "그때, 네 마음은 어땠을까?"

아이와 나, 놀이로 다시 태어나다

아이와의 관계에서 가장 깊은 연결은 거창한 말이나 특별한 활동이 아니라, 함께한 시간 그 자체에서 비롯된다는 사실을 우리는 종종 잊곤 합니다. 〈두 명의 집시 여인〉은 바로 그 진실을 조용히 시각화해 줍니다. 서로의 곁에 머무르며 같은 손길을 나누는 그 장면 속에는 '나는 네 곁에 있어.'라는 말보다 더 깊은 이해와 신뢰가 흐르고 있습니다. 육아의 일상은 때때로 바쁘고 지칩니다. 우리는 무엇을 더 해줘야 할지, 어떻게 더 잘 가르쳐야 할지 고민하지만, 사실 아이에게 가장 깊은 위로와 안정감을 주는 것은 함께해 준 시간과 그 시간 속에서 느껴지는 부모의 온기입니다. '말로 설명하는 것'보다 '존재로 전하는 것'이 아이의 마음에 더 오래, 더 깊이 남습니다. 이러한 경험은 부모가 감정 문해력(Emotional Literacy)을 키워가는 훈련의 과정이기도 합니다. 감정 문해력이란 단순히 감정을 말로 표현하는 능력에 그치지 않고, 자신과 타인의 감정을 인식하고, 존중하고, 연결하는 힘을 의미합니다. 부모가 아이의 감정을 해석하거나 판단하기보다, 그저 곁에 머무르며 느껴주고 기다려줄 때, 아이도 자신의 감정을 안전하게 바라보고 표현하는 법을 배웁니다.

〈두 명의 집시 여인〉 속 장면은 우리에게 이렇게 말해줍니다. 말이 없어도 전해지는 사랑, 반복되는 일상에서도 깊이 흐르는 이해, 그 무엇보다 중요한 '함께 있음'의 언어를. 오늘 당신도 아이와 함께 그런 손길을 나누고 있었을지 모릅니다. 말하지 않아도 닿는 사랑, 그 조용한 대화가 당신과 아이 사이에 진한 흔적으로 남아 서로의 마음을 부드럽게 이어주고 있었기를 바랍니다.

"당신의 그림자를 받아들일 때
비로소 당신은 온전한 자신이 된다."

– 카를 융 *Carl Jung*

빈센트 반 고흐

<첫걸음>

당신의 하루가 명화가 되기를

Epilogue

빈센트 반 고흐(Vincent van Gogh) <First Steps>

저는 아이를 키웠고, 지금도 누군가의 부모로 살아갑니다. 비록 아이가 이미 다 성장하여 손을 놓아가는 시간을 지나고 있지만, 아이를 키우며 겪은 수많은 감정은 여전히 제 안에 살아 있습니다. 그 시절의 벅참과 눈물, 미안함과 다짐은, 오히려 시간이 지날수록 더 선명하게 다가옵니다. 저는 지금도 그때의 저를 자주 꺼내어 다정히 안아줍니다. 이 책을 쓰게 된 것도 바로 그 시간의 흔적 때문입니다. 그리고 요즘, 저와 같은 길을 걷고 있는 수많은 어머니를 자주 마주하게 되었기 때문입니다.

한 아이의 세상이 되느라 자신의 시간을 다 내어주는 사람들, 기꺼이 희생하면서도, 때때로 '나는 제대로 하는 걸까?'라고 자책하는 사람들. 그 미묘하고 복잡한 감정을 너무나도 잘 알고 있었기에, 저는 그분들께 조용한 위로를 건네고 싶었습니다. 세상에는 아름답고 깊은 명화들이 참 많습니다. 그림 속 인물들은 입을 열지 않지만, 자세히 들여다보면 수많은 이야기를 품고 있습니다. 그림은 설명하지 않지만, 감정을 느끼게 합니다. 어떤 작품은 한 어머니의 기도를 떠올리게 했고, 어떤 작품은 아이와 눈을 맞추는 아버지의 따뜻한 마음을 전해주었습니다. 또 어떤 작품은 벅차서 울고 있는 부모의 뒷모습을 닮기도 했습니다. 저는 훌륭한 작품을 감상한다는 것이 단순히 '예쁘다!'라고 감탄하는 일이 아니라, 그 안에서 나를 돌아보고, 나를 위로하는 철학을 발견하는 일이라고 믿습니다. 명화 속에는 작가의 고뇌와 사색, 시대의 무게와 인생의 깊이가 담겨 있습니다. 우리는 그 그림 앞에 서서 잠시 멈추고, 질문하며, 감정의 결을 다시 느껴보게 됩니다.

'왜 나는 이렇게 힘들까?'
'왜 나는 자꾸 울컥할까?'
'왜 이토록 사랑하면서도 지칠까?'

이 질문들에 대해 누군가 대신 정답을 주는 것이 아니라, 그림 속 장면이 조용히 이야기해 줍니다. 명화는 늘 그 자리에 있지만, 그 앞에 선 사람이 누구냐에 따라 전혀 다른 이야기를 건넵니다. 서로 다른 사람들이, 서로 다른 시선으로, 서로 다른 위로를 받을 수 있기에 명화는 시대를 넘어 계속 사랑받는 언어가 됩니다. 이 책에 담긴 스무 장의 명화 역시 다른 시선으로 바라본다면 전혀 다른 의미로 다가가리라 생각합니다. 누군가에게는 사랑에 관한 이야기로, 누군가에게는 이별과 그리움, 혹은 자기 자신과의 화해로 읽힐 수도 있습니다. 이 책에서는 아이를 키우며 스스로 어른이 되어가는 부모의 시선으로 이 명화들을 바라보았습니다. 삶의 한가운데에서 흔들리고, 지치고, 때로는 자책하는 부모들이 이 그림들 앞에 잠시 멈춰 서서 그 안에 담긴 사색과 철학, 그리고 위로의 손길을 자기 마음 깊은 곳에서 조용히 건져 올릴 수 있기를 바랐습니다.

예술은 해석을 강요하지 않습니다. 그림은 말없이 거기에 있을 뿐이고, 우리는 저마다의 마음으로 그 앞에 서게 됩니다. 그래서 이 책의 모든 해석 역시 하나의 시선일 뿐입니다. 당신만의 이야기를 덧붙이며 이 명화들과 마주해 주시기를 바랍니다. 그리고 그 시간이 당신에게도

따뜻한 쉼과 회복이 되는 작은 여백이 되어주기를 소망합니다.

"당신도 그런가요."
"당신의 오늘도 누군가의 그림처럼 아름다워요."
"지금의 당신도 충분히 괜찮아요."

저는 이 책이 그런 그림이 되었으면 했습니다. 비록 캔버스에 그려진 정교한 유화는 아니지만, 마음으로 빚어낸 문장 하나하나가 당신의 하루에 위로가 되

고, 당신의 감정에 조용히 스며들기를 바랐습니다. 육아는 단지 아이를 기르는 일이 아닙니다. 그것은 동시에, 자신을 스스로 끊임없이 성장시키는 일입니다. 아이의 눈높이에 맞추기 위해 자신을 낮추는 일, 아이의 울음을 달래기 위해 감정을 조절하는 일, 아이의 미래를 위해 지금을 다 내어주는 일. 이 모든 순간이 우리를 더 넓고 깊은 존재로 성장시킵니다.

저는 이 책이 단지 '육아에 대한 조언'이 아니라, 당신의 마음을 이해하고, 함께 울고, 함께 웃어주는 따뜻한 벗이 되었으면 합니다. 그리고 당신이 명화를 감상하듯, 자신의 하루도 그렇게 들여다보게 되기를 바랍니다. 비록 거칠고 지친 하루였을지라도, 그 안에는 사랑과 인내, 회복과 배움이 분명히 있음을, 이 책을 통해 다시 한번 믿게 되기를 바랍니다.

예술은 사람을 위로할 수 있습니다. 한 줄의 문장과 한 장의 그림이 누군가의 삶을 다시 일으켜 세울 수 있습니다. 완벽한 하루가 우리를 살리는 것이 아니라, 견디며 살아낸 평범한 날들이 우리를 지켜 줍니다. 이 책을 읽는 동안, 당신의 마음이 조금이라도 가벼워졌기를 바랍니다. 제 진심이 당신의 마음 어딘가에 닿았다면, 그것만으로 저는 충분합니다.

끝으로, 지금, 이 순간에도 아이를 위해 애쓰고 있는 당신께 꼭 전하고 싶은 말이 있습니다.

당신은 지금도, 이미 충분히 좋은 부모입니다.

그리고 당신의 하루가, 눈부신 명화처럼 기억되기를.

두유진

<빛은 사라지지만,
방향은 남는다>

빛이 남긴 길을 따라 나아간다

두유진(D.Eugene) <Afterglow>

이 그림은 제주 바다를 배경으로 하고 있습니다. 해가 지는 무렵, 바다와 하늘, 땅과 돌, 모든 것들이 각각의 빛을 반사하며 하루의 마지막 장면을 만들어내는 시간입니다. 노을은 단지 하루가 끝난다는 자연의 표시가 아닙니다. 그것은 어쩌면 '지금'이라는 찰나가 얼마나 소중한지를 일깨워주는 가장 아름다운 방식입니다.

이 작품을 그리고 있을 때, 저는 바다를 바라보며 생각했습니다. 우리 삶도 이 노을처럼 순간순간이 스며들고, 스러지고, 다시 돌아오는 리듬을 가집니다. 그리고 그 속에서 우리는 기억을 쌓고, 기다림을 배우고, 어느새 익숙했던 것들과 이별을 합니다. 그렇게 우리는 사라지는 것 안에서 가장 깊은 존재의 의미를 발견하게 되는 것 같습니다.

앞쪽 바위는 오늘의 현실을 상징합니다. 단단하고 날카롭지만, 노을빛을 받아 부드럽고 따뜻한 얼굴로 빛나고 있습니다. 우리가 딛고 서 있는 지금 이 자리도 그렇습니다. 바다를 향해 서 있는 이 바위는, 시간을 견뎌낸 침묵의 증인이자 삶의 방향을 잃지 않도록 도와주는 이정표입니다.

멀리 보이는 섬은 '그리움'과 '기다림'의 상징입니다. 우리는 언제나 어떤 섬을 바라보며 살아갑니다. 그 섬은 때론 과거의 기억이고, 때론 아직 도달하지 못한 꿈이며, 때론 마음속에 자리한 한 사람일 수도 있습니다. 저 멀리 배 한 척이 섬을 향해 나아가고 있습니다. 그것은 어쩌면 '나'일지도 모릅니다. 아직 도착하지 못했지만, 방향을 잃지 않고 흘러가고 있는 존재.

하늘은 우리가 감정이라는 것을 느끼는 '마음'과 닮았습니다. 한쪽은 흐리고 짙은 회색으로, 다른 한쪽은 따뜻한 노란빛으로 물들어 있습니다. 기쁨과 슬픔, 평온함과 불안, 그런 복합적인 감정들이 언제나 우리의 마음 안에 함께 존재한다는 사실을 이 하늘을 통해 표현하고 싶었습니다. 감정은 늘 하나의 색으로만 존재하지 않으니까요. 우리는 그 모든 것을 끌어안으며 살아갑니다.

이 그림을 바라보는 분들에게 잠시 멈춰 서서 자신만의 노을을 떠올릴 수 있는 시간을 선물하고 싶습니다. 어떤 풍경은 사진보다 더 깊이, 마음속에 새겨집니다. 이 작품도 그런 풍경이 되기를, 누군가의 하루 끝에 조용히 스며들어 잔잔한 위로가 되기를 바랍니다.

빛이 사라지는 곳엔 어둠이 찾아오지만, 그 어둠은 새로운 날의 시작이기도 합니다. 이 노을은 끝이 아니라 연결입니다. 삶이란 결국, 어제를 보내고 오늘을 살며 내일을 기다리는 일. 그 모든 시간 속에서 우리가 무엇을 바라보고, 어떤 마음으로 살아가는지, 이 풍경에 그대로 녹아 있기를 바랍니다.

2025.5. 두유진

"우리는 아이의 첫걸음을 기억합니다.

부모와 자녀는 자라며 멀어지지만
때때로 우리는 마음으로 다시 만나게 됩니다.

그 만남은 마치, 시간과 거리를 건너
다시 이어지는 작은 웜홀 같습니다.
그리고 그 통로의 이름은 추억입니다."

– 두유진 D. Eugene

참고 사이트

Berthe Morisot - The Cradle, Public Domain, Wikimedia Commons.

Edvard Munch - The Scream, Public Domain, Wikimedia Commons.

Mary Cassatt - Young Girl in a Blue Armchair, Public Domain, Wikimedia Commons.

Joaquín Sorolla - Madre e hija (Valencia), Public Domain, Wikimedia Commons.

Gwen John - A Corner of the Artist's Room, Public Domain, Picryl.

Émile Munier - Sugar and Spice, Public Domain, Wikimedia Commons.

Mary Cassatt - The Bath, Public Domain, Wikimedia Commons.

Albert Edelfelt - Boys Playing on the Shore, Public Domain, Wikimedia Commons.

Henri Martin - Marie

Émile Munier - Pardon Mama, Public Domain, Wikimedia Commons.

William-Adolphe Bouguereau - Whispers of Love, Public Domain, Picryl.

Joaquín Sorolla - La siesta en el jardín, Public Domain, Wikimedia Commons.

Maurice Denis - The Crown, Public Domain, Musée d'Orsay.

Pino Dangelico - Afternoon Stroll.

Francis Coates Jones - The Book, Public Domain, Wikimedia Commons.

Jean-François Millet - The Angelus, Public Domain, Wikimedia Commons.

Mary Cassatt - The Stocking, Public Domain, Wikimedia Commons.

Eugenio Zampighi - First Steps, Public Domain, Wikimedia Commons.

Jean Siméon Chardin - The Prayer before Meal, Public Domain, Wikimedia Commons.

Eugenio Zampighi - Story Time, Public Domain. Image via Heritage Auctions.Peder Severin Krøyer - Two Gypsy Women Outside Their Home, Public Domain, Wikimedia Commons.

Vincent van Gogh - First Steps, Public Domain, Wikimedia Commons.